선생님,
우리 아이
잘 지내나요?

선생님,
우리 아이
잘 지내나요?

초판 1쇄 발행 2025. 7. 10.

지은이 정교윤
펴낸이 김병호
펴낸곳 가넷북스

편집진행 황금주
디자인 김민지

등록 2019년 4월 3일 제2019-000040호
주소 서울시 성동구 연무장5길 9-16, 301호 (성수동2가, 블루스톤타워)
대표전화 070-7857-9719 | **경영지원** 02-3409-9719 | **팩스** 070-7610-9820

•가넷북스는 여러분의 다양한 아이디어와 원고 투고를 설레는 마음으로 기다리고 있습니다.
이메일 garnetoffice@naver.com | **원고투고** garnetoffice@naver.com
공식 블로그 blog.naver.com/garnetbooks
공식 포스트 post.naver.com/garnetbooks | **인스타그램** @_garnetbooks

ⓒ 정교윤, 2025
ISBN 979-11-92882-27-7 03370

•파본이나 잘못된 책은 구입하신 곳에서 교환해드립니다.
•이 책은 저작권법에 따라 보호를 받는 저작물이므로 무단전재 및 복제를 금지하며,
 이 책 내용의 전부 및 일부를 이용하려면 반드시 저작권자와 도서출판 가넷북스의 서면동의를
 받아야 합니다.

선생님, 우리 아이 잘 지내나요?

정교윤 지음

엄마들은 모르는
진짜 교실 이야기!

불안한 엄마,
좋은 것만 주고 싶은
엄마 모이세요

가장 따뜻하고
실질적인
자녀 교육서

26만 엄마들의
지지와 공감

가넷북스

들어가는 글

불안한 엄마들 모이세요

동네 카페에서 이 글을 쓰고 있는 지금, 제 옆에서는 아이를 학교에 보낸 엄마들이 모여 이야기를 나누고 있습니다.

"우리 반 선생님은 좀 이상한 것 같아. 딸이 친구랑 다퉜는데 해결도 안 해 주더라고."

한 엄마가 불만을 토로하자, 맞은편에 있던 엄마가 곧바로 말을 받습니다.

"우리는 아예 숙제도 없어. 원래 없는 거야?"

대화는 자연스럽게 반 친구들에 관한 이야기로 넘어갔습니다.

"우리 반에 엄청 별난 애가 있어. 선생님도 힘들어 보이던

데, 우리 애한테 안 좋은 영향을 주진 않을까 걱정돼."

 엄마들은 반에서 말썽을 피우는 아이, 뭐든지 잘해서 부러운 아이, 공부 잘하는 아이 이야기를 쏟아 냅니다. 말썽을 일으키는 아이가 내 자식에게 피해를 줄까 봐 염려스러운 듯했습니다. 부러운 아이의 이야기에는 내 자식에게서 느끼는 부족함이 그 아이에게는 있나 봅니다. 공부 잘하는 아이는 평소에 두꺼운 원서를 읽거나, 레벨 테스트에 통과해야 다닐 수 있는 학원에 다닌다고 했습니다. 이후에는 방문 학습지, 방학 캠프, 과목별 학원에 관한 이야기로 열띤 의견을 나누며 두 시간 이상 앉아 있었습니다. 이 모습을 바라보며 문득 생각했습니다. 엄마들은 너무 많은 걱정을 하고 있습니다. 그리고 그 걱정 속에는 불안이 자리 잡고 있습니다. 부모라면 누구나 자식이 좋은 환경에서 배우고 성장하길 바랍니다. 그래서 더 나은 선택을 하기 위해 정보를 나누고, 서로 비교하고, 끊임없이 고민합니다. 지금 제가 보고 있는 이 모습이, 흔히들 말하는 꼭 나가야 한다는 '엄마 모임'인가 봅니다.

 다섯 살 딸을 키우고 있는 저는, 아무리 바빠도 반 엄마들 모임에는 꼭 참석해야 한다는 이야기를 벌써부터 듣고 있습니다. 그 모임에 가야 여러 정보를 알 수 있고, 아이 뒷바라지도 잘할 수 있다고들 합니다. 그렇다면, 그들이 말하는 '정보'란 정확히 무엇일까요? 엄마들에게 직접 물어보면 대부분 사교육 정보라고 대답합니다. 그만큼 사교육이 중요하게 여겨지는 세상인가 봅니다. 하지만 저는 엄마들 모임에 가기 어려운 워킹맘입니다. 시간도 안 되고, 모임에 간다고 해도 그런 대화를 나눌 자신이 없습니다. 그 속에서 나오는 이야기들을 듣다 보면, 내 아이만 뒤처지고 있는 것 같은 불안이 밀려올 것 같습니다. 그 불안은 결국 아이에게 향할 것입니다. 저는 점점 아이를 닦달하게 될 것이고, 뭘 해도 사랑스러웠던 내 아이가 부족하게만 보이기 시작할 것 같습니다. 차라리 시작하지 않는 것이 낫겠다는 생각도 듭니다. 엄마 모임에 나가지 않고도 아이를 훌륭히 키워 내겠다는 다짐도 해 봅니다. 아직 학교에도 보내지 않은 유아 맘인데도 걱정이 앞섭니다.

아이가 네 살 때, 어린이집에 보내고 오후, 선생님이 써서 보내는 알림장을 기다립니다. 알림장 도착 알람 소리가 들리면 만사를 제쳐 두고 확인합니다. 빠르게 훑어보고 별일 없었다는 것을 확인한 후, 찬찬히 다시 읽어 봅니다. 알림장에는 보통 '오늘 하루도 잘 보냈습니다.'라는 내용이 적혀 있지만, 혹시나 하는 마음이 듭니다. 친구들과 잘 지냈을까? 선생님 말씀은 잘 들었을까? 별다른 문제는 없었을까? 응가 상태까지 세세하게 적어 보내 주는 어린이집인데 말입니다. '어린이집 안을 언제나 훤히 볼 수 있다면 얼마나 좋을까?' 이런 생각이 들 때도 있습니다. 엄마라서 그런가 봅니다. 늦게 첫아이를 낳아 애지중지 키우고 있습니다. 요즘은 아이가 하나 아니면 둘이기에 더 그런 것 같습니다. 잘 키우고 싶은 마음 때문이겠지요. 모든 엄마의 마음이 아닌가 싶습니다.

초등학교에서 근무한 지 어느새 10년이 훌쩍 넘었습니다. 주변에는 훌륭한 선생님들이 많아 감히 말하기 부끄럽지만, 저는 스스로 '열정적인 교사'라고 생각합니다. 딸아이가 태어나기 전, 저의 삶은 온전히 반 아이들 속에 있었습니다. 퇴근 후에도 '내일은 아이들에게 어떤 수업을 할까? 더 재밌는 건 없을까?' 고민하는 것이 좋았습니다. 재미있는 활동, 흥미로운 이벤트, 아이들의 성장을 돕는 수업을 하나라도 더 찾아내고 싶었습니다. 아이들과 별일 없이 하루를 잘 보냈다면, 그날 저녁은 행복했고, 다음 날 다시 아이들을 만날 생각에 설레기까지 했습니다. 그런데 딸을 출산한 후, 제 마음이 변했습니다. 그 열정이 내 자식에게로 옮겨 간 것이 아닙니다. 오히려, 아이들을 생각하는 마음이 더 깊어졌습니다. 부모가 온몸을 다 바쳐 사랑으로 키운 자식들이라는 것을 알기에, 우리 반 아이들 한 명 한 명이 제 손가락처럼 소중하게 느껴졌습니다. 그렇게 바라보니, 학교에서 생활하는 아이들의 모든 모습이 대견하기만 했습니다. 출산 전에는 아이들의 변화와 발전을 지켜보는 것에 보람을 느꼈습니다. 하지만 지금은 아이들의 삶에 들어가, 그들의 노력, 인내, 실패, 도전, 좌절, 기쁨을 함께 느끼며 응원하는 것이 제 역할이라 생각합니다. 이제는 제 삶 속에 아이들이 있는 것이 아니라, 아이들의 삶 속에 제가 들어가 있습니다. 하루하루 성장하는 아이들의 모습을 학부모들도 알 수 있다면, 얼마나 기쁠까 생각했습니다. 그리고 저처럼 불안한 엄마들이 조금은 안심하고, 편안한 마음으로 아이의 성장을 지켜볼 수 있지 않을까요? 그 마음을 전하고 싶습니다.

저는 딸아이가 공부도 잘하고, 친구들과도 잘 지내며, 인성적으로도 바르고 건강한 아이로 자랐으면 하는 욕심 많은 엄마입니다. 아이가 태어나기 전부터, 교실에서 만난 반 아이들을 보며 내 아이는 어떤 모습일까? 수없이 상상했습니다. 우리 세대보다 더 복잡하고 치열한 세상을 살아가야 할 내 아이에게 과연 어떤 힘을 길러 줘야 할지 고민했습니다. 그 고민 끝에, 교사로서의 경험과 엄마로서의 배움을 더해 어디에도 휘둘리지 않고, 흔들림 없이 단단하게 아이를 키울 방법을 하나씩 만들어 왔습니다. 불안한 엄마였기에, 옆집 아이 엄마의 말에 흔들려 내 아이를 닦달하지 않으려 했습니다. 쓸데없는 비교로 불필요한 에너지를 소모하는 대신, '지금, 이 순간 아이의 성장을 후회 없이 돕자.' 그렇게 마음먹었습니다. 저처럼 욕심 많은 엄마, 하지만 내 소신을 지키며 아이를 키우고 싶은 엄마라면 이 책이 분명 도움이 될 것입니다. 이제, 불안 대신 신뢰로, 걱정 대신 아이의 성장을 지켜보는 즐거움으로 바꿔 보지 않으시겠어요?

아이들은 하루 중 대부분의 시간을 학교에서 보냅니다. 아침 일찍 등교해서 해가 저물기 전까지 학교에 머무는 아이들도 많습니다. 학교에서는 교과 수업뿐만 아니라 현장 체험학습, 운동회, 학예회, 동아리 활동, 방과 후 프로그램 등 다양한 활동이 이루어집니다. 이렇게 눈에 보이는 행사나 프로그램도 중요하지만, 아이들이 가장 많이 배우는 것은 사람 속에서 살아가는 법입니다. 학교에는 선생님과 친구들이 있습니다. 그 속에서 아이들은 우정을 쌓고, 다투기도 하며, 질투하고, 미워하는 감정이 생기기도 합니다. 때로는 선생님이 엄마보다 더 좋다가도, 어떤 날은 죄송해서 피하고 싶기도 하고, 어떤 순간에는 의지하고 싶어지기도 합니다. 아이들은 수많은 감정을 느끼며, 그 속에서 성장해 갑니다. 학교에는 다양한 공간도 있습니다. 가장 오래 머무르는 교실, 쉬는 시간마다 오가는 복도와 화장실, 과학실, 영어실, 보건실, 급식실과 운동장, 도서관, 강당, 무용실, 음악실 등 학교는 단순한 학습 공간이 아니라, 아이들이 '세상'을 배우고 익혀 가는 작은 사회입니다.

지금부터 나오는 이야기는 학교에서 실제로 제가 만난 아이들과 있었던 일입니다. 어쩌면 우리 아이의 이야기, 내 아이의 반 친구 이야기일 수도 있습니다. 이 글을 통해, 부모는 학교에 대한 이해를 넓히고, 선생님과 친구들 속에서 성장하는 아이의 삶을 깊이 들여다볼 수 있을 것입니다. 또한, 부모는 자식을 어떻게 바라보아야 하며 어떤 역할을 해야 할지도 생생한 이야기를 통해 전달될 것입니다.

1장은 초등학교 교사가 된 저의 남달랐던 초등학교 시절 이야기를 꺼내 보고자 합니다. 초등학교 시절을 떠올리며 친구들과 선생님과 부모님이 제 인생에 어떤 영향을 끼쳤는지를 담아 보았습니다. 제 이야기를 통해 내 자식의 삶에서 중요한 것이 무엇인지 알 수 있습니다.

2장은 아이들이 학교에서 생활하는 모습을 전하려고 합니다. 학교에서 아이들은 좌충우돌 성장합니다. 작은 일에도 상처받고, 친구들과 부딪히고, 어른처럼 고민하며 하루하루를 살아갑니다. 그 속에서 어떤 감정을 느끼고, 어떻게 성장해 가는지, 쉽지 않은 아이들 세상에서 어설프지만, 열심히 살아가며 오늘도 성장하고 있는 아이들의 모습을 볼 수 있습니다.

3장에서는 아이들의 빛나는 성장 이야기가 나옵니다. 우리는 몇몇 '특별한' 아이가 있다고 생각합니다. '특별'하다는 것은 아마도 어른이 생각하는 기준에 미치는 아이일 것입니다. 교실에서 아이들과 함께 지내다 보면 단 한 아이라도 특별하지 않은 아이는 없습니다. 모든 아이의 삶은 소중합니다. 이 장에서는 걱정스러운 상황에 놓였던 아이들이 어떻게 그 벽을 넘고 성장했는지 담아 보았습니다. 흔히 말하는 '문제'가 있는 아이도 그것이 '문제'가 아니라 성장의 기회임을 알게 됩니다. 이 장을 통해, 내 아이의 문제를 해결할 수 있는 실마리를 찾을 수 있을 것입니다.

4장은 제가 만난 학부모의 이야기입니다. 자식을 사랑하는 방법이 다릅니다. 다양한 모습을 보며 내가 우리 아이를 위해 어떤 학부모가 되면 좋을지 알 수 있습니다. 학부모의 삶도 모두 다릅니다. 삶에서 중요한 가치, 아이를 키우고 대하는 방법도 다릅니다. 다양한 학부모들의 모습을 보면서 공감도 되고 나와 다른 모습도 보게 될 것입니다. 그 와중에

'나'라는 부모는 아이를 어떻게 키울지, 어떤 모습의 부모가 될지, 책을 읽다 보면 저절로 방향이 잡힐 것입니다.

5장에는 정말 부모님께 꼭 전하고 싶은, 그리고 아이를 키우면서 반드시 알고 있어야 할 핵심 내용을 담았습니다. 수많은 정보 속에서 '진짜 우리 아이에게 맞는 교육법'을 찾기란 쉽지 않습니다. 어디에서나 들을 수 있는 이야기가 아닙니다. 지금까지 숨겨 온 '중요한 이야기들'을 전합니다.

학교에 보내면서도 그 안을 들여다볼 수 없는 불안한 엄마는, 교실에서 생활하는 아이들의 모습을 보며 그 마음을 조금이나마 달랠 수 있을 것입니다. 욕심 많은 엄마는, 굳이 엄마 모임에 나가지 않아도 주변에 휘둘리지 않고 단단하게 내 아이를 키울 수 있습니다. 저와 같은 고민을 하는 엄마들이라면, 이제부터 들려드릴 저의 이야기가 진심으로 마음에 와닿았으면 좋겠습니다.

교실 속 이야기를 글로 쓴다는 것은 쉽지 않았습니다. 학부모님들이 읽었을 때 조금이라도 불편하지 않을까 고민도 많았습니다. 하지만 최대한 생생하고 솔직하게 썼습니다. 그것이 이 책을 쓰는 이유이기 때문입니다. 저는 불안한 엄마들의 마음을 누구보다 잘 아는, 그리고 그 불안을 극복하고 싶은 한 명의 엄마이자 교사입니다. 이 글을 통해, 부모가 학교와 교사를 믿고, 불안한 마음 대신 확신을 가지고 아이를 편안하게 학교에 보낼 수 있기를 바랍니다.

이 글에 나오는 학생과 학부모는 전형적인 유형이 아닙니다. 이들은 한 명의 교사가 만난 수많은 사람 중 일부일 뿐입니다. 또한, 이 책에서 소개하는 제 지도 방법과 교육적 생각은 모든 선생님의 의견을 대표하는 것이 아닙니다. 이 책은 한 교사가 바라본 학교, 아이, 부모의 이야기이며, 누구보다 아이들의 성장을 가까이에서 지켜본 사람의 진솔한 기록입니다.

이제, 함께 학교 속으로
들어가 볼까요?

* 책에 등장하는 아이들 이름은 모두 가명입니다.
* 아이들과 학부모 이야기는 개인정보보호를 위해 내용이 각색되었습니다.

차례

들어가는 글 **불안한 엄마들 모이세요**

초등학교 교사의 초등학교 시절

선생님 어머니는 좋으시겠어요	20
자식 사랑은 선생님께	26
그래서 선생님이 되었습니다	32
선생님이 되려고 그랬나	39
내게 친구란	45
학교는 인생의 전부	51
우리 선생님	57
엄마의 최선	64

학교에서 아이들의 삶

재미 – 게임이라면 환장   74
경험 – 교실 밖의 추억   81
관심 – 보건실은 아픈 친구들만 가는 곳이 아니에요   88
자유시간 – 점심시간의 의미   94
기분 – 하루를 좌지우지   100
친구 – 학년별로 그 특징이 다르다   106
교실 청소 – 청소 시간에 볼 수 있는 것들   112
사각지대 – 사건은 화장실에서 시작된다   117

지금도 우리는 성장 중

뚱뚱해도 괜찮아   126
나의 작은 보디가드   134
괴물 금지   144
비상한 두뇌를 가졌어   154

사춘기 5학년 여학생	**162**
나는 완벽한 현빈이의 열성팬	**169**
재희야, 사랑해!	**176**
너는 남자야, 여자가 아니라고	**182**

4장 내가 만난 학부모

선생님이 잘못 보신 듯해요	**190**
너희 엄마는 누구니?	**195**
잘린 머리카락의 진실	**203**
이놈 시끼! 선생님, 혼 좀 내 주세요	**212**
형편이 어려운 엄마, 영재 자식을 키우는 방법	**219**
자식을 제대로 본다는 것	**226**
우리 아이는 경계선에 있어요	**233**
보이지 않는 엄마의 가르침	**239**

후회 없는 초등학교 생활

아이는 작은 ○○가 쌓일수록 도전을 두려워하지 않는다 — 248

아이의 ○○를 충족시켜 주면 가지고 있던 능력을 발휘한다 — 254

아이의 ○○을 찾으면 부족한 부분을 채울 수 있다 — 260

가족 ○○를 하나 만들면 사춘기가 와도 소통이 된다 — 268

사교육보다 더 중요한 것은 — 275

사소한 교육의 위대한 힘 — 283

친구 관계의 모든 것 — 291

공부의 신이 되는 법 — 302

마치는 글 **불안한 마음이 사라진 엄마들에게**

초등학교 교사의 초등학교 시절

선생님 어머니는 좋으시겠어요

"선생님의 어머니는 좋으시겠어요. 선생님을 어떻게 키우셨을까요?"

초등학교 교사 2년 차에 학부모로부터 기분 좋은 소리를 들었다. 학부모 상담이 있던 날, 끝나고 교실 문을 나가시던 학부모님이 내게 웃으며 전한 말이었다. 학부모는 선생님에게 '고맙다.', '애쓰셨다.'라는 말은 해도 선생님의 부모를 이야기하면서까지 칭찬하지 않는다. 나의 부모님은 내 연봉 몇 배를 더 받는 대기업에 다니는 자식보다 나를 더 자랑스러워하신다. 심지어 요즘은 의사나 변호사도 개업해도 손님이 없어 안되는 곳이 그렇게 많다고 하시며 공무원이 최고라 여기신다. 내게 그런 칭찬을 한 학부모도 우리 엄마처럼 생각한다면야 나는 최고의 직업을 가진 사람이다. 아니면 내가 친절하고 상냥하며 똑 부러진 교사처럼 보였을 수 있다. 2년 차 신규 교사는 경험과 노하우는 별로 없으면서 열정만 가득하다. 그런 열정으로 학부모님께 최선을 다해 좋은 모습을 보이려고 애썼다. 이러나저러나 나의 엄마까지 칭찬한 학부모 덕으로 학년말까지 쓸 에너지를 장착했다. 2년밖에 되지 않은 신규 교사의 넘치는 열정은 이렇게 보상받았다.

퇴근 후, 엄마에게 오늘 들은 학부모의 칭찬 이야기를 빨리 전해 주고 싶었다. 선생님을 좋게 평가했고 이렇게 잘 큰 것은 모두 엄마 덕분이라는 말이니 엄마에게는 이제까지 키운 것에 대한 최고의 보상이라 생각했다. 지금까지는 내가 엄마에게 직접 키워 주셔서 감사하다는 말은 초등학생 시절 반강제로 적은 어버이날 감사 카드 이후로 해 본 적이 없다. 오늘은 에둘러 엄마에게 마음을 표현하고 싶었다. 퇴근길에 전화를 걸어 학부모에게 이런 말까지 들었다며 자랑을 늘어놓았다. 엄마도 기분이 좋은 듯했다. 엄마는 내가 열심히 해서 그런 거라며 되려 나를 칭찬해 주었다.

나의 엄마는 자식에게 사랑을 직접적으로 표현한 적은 없다. 엄마는 나와 형제들에게 행동으로 보여 주셨다. 등교 전 아침 식사를 단 하루도 빼먹지 않고 새 밥에 새 반찬을 해 주셨다. 아침밥을 해 주기 위해서는 새벽에 일어나야 한다. 반찬을 하기 위해서는 전날에 장을 보고 손질도 해 놓아야 한다. 밥을 하고 조리하는 과정에서 쓰이는 조리 도구, 냄비를 쓰고 정리해야 하며 내가 먹고 난 후의 그릇은 또 설거지해야 한다. 이 많은 시간과 노력을 단 하루도 빠짐없이 했다는 것은 아무나 할 수 있는 일이 아니라 생각한다. 그 밥이 얼마나 소중했는지는 결혼해서 자식을 낳고 알게 되었다. 네 살 딸아이의 등원 전 아침밥은 얼려 놓은 밥을 전자레인지에 돌려 데우고 김에 밥을 싸 먹이는 게 일상이었다. 조금 더 신경 쓰면 멸치볶음이나 치즈를 얹어 주었다. 아이에 대한 사랑이 부족해서가 아니다. 몇 숟가락밖에 먹지 않을 것을 굳이 새 밥을 해서 먹일 필요가 있나 싶었다. 다른 반찬은 입에 대면 뱉어 버렸다. 고등학생 때, 아침에 일어나 세수하고 나오면 김이 모락모락 나는 밥과 국, 깨가 뿌려진 몇 가지의 반찬이 식탁에 차려져 있었다. 아침에 늘 입맛이 없어 겨우 몇 숟가락 먹고 등교했었다. 많이 먹지도 않을 밥을 엄마는 매일 차려 주셨다. 엄마는 이렇게 매일 아침밥을 해 먹여 너희를 키웠다고 우리에게 직접 말한 적이 단 한 번도 없다. 지금도 마찬가지다.

 엄마는 어린 딸을 키우고 있는 나에게 늘 하는 말이 있다.
"자식은 정성을 들여 키워야 한다."
 손녀가 이유식 후 밥을 먹기 시작했을 때, 친정에 가서 밥을 먹을 때면 비싼 놋그릇에 새로 한 밥의 첫술을 담아 놓으셨다. 무겁고 열전달이 좋아 뜨거운 것을 담으면 옮길 때 애를 먹는 불편한 그릇에 왜 담는 건지, 그 마음을 알고는 있지만 괜한 일이라 생각했다. 아이가 할머니의 정성을 알 리도 없고 그렇다고 밥이 맛있어서 몇 숟가락 더 먹는 것도 아닌데 말이다. 아이가 밥을 잘 안 먹을 때는 할머니가 정성껏 차려 주신 밥상인데 안 먹으면 안 된다고 잔소리했다. 엄마는 손녀 옷을 빨 때도 대충하지 않았다. 세탁기와 건조기를 사용해서 쉽고 편하게 해 버리고 마는 일인데 엄마는 작은 얼룩이라도 있으면 빨랫비누가 최고라며 손으로 문질러 비비셨다. 말릴 때는 각을 잡아 옷걸이에 걸어 말렸다. 옛날 사람이라 그게 더 편할 수도 있지만 내가 보기엔 분명 수고스러운 일이다. 말린 옷을 예쁘게 접으면서 엄마는 내게 또 "정성을 다해야 한다."라며 같은 말을 반복했다.

 그 당시에는 엄마의 정성을 알아차리지 못했다. 나를 둘러싸고 있는 모든 것에 엄마의 정성이 있었기 때문이다. 덕분에 지금 이렇게 사람 구실 하며 살 수 있는 게 아닌가 싶다. 아주 비싸고 거름이 한가득 있는 땅에서 자란 건 아니다. 쓰레기가 파묻혀 있지 않은 평범한 땅에 뿌리를 내렸다. 하늘을 향해 뻗어 나가, 꽃을 피우고 열매를 맺는 일에만 몰두할 수 있었다. 그건 엄마의 정성이 있었기에 가능한 일이라 생각한다. 나는 무난하게 고등학교를 졸업한 후, 바로 교대에 들어가 교사가 된 사람은 아니다. 중간에 시행착오를 거치며 돌고 돌아 교대에 가길 결심했고 이 길까지 오는 데 다른 신경은 쓰지 않았다. 엄마는 하고 있던 것을 포기하거나 새로운 길을 찾아 나섰을 때도 걱정하는 기색 없이 오히려 나를 응원해 주었다. 그랬기에 내가 앞을 향해 나아가는 일에만 온 힘을 쏟으며 살아왔고 지금의 일에 만족하고 즐기며 살아가고 있다.

이 모든 것은 영양분이 얼마나 있는 것이 중요한 것이 아닌, 그저 편안한 부모의 땅에 있었기 때문이다. 그 편안함은 엄마의 정성이었다. 엄마는 이렇게 너희를 키웠으니, 공부도 열심히 해야 한다고 말하지 않았다. 그저 묵묵히 자식이 자신의 인생을 사는 일에 몰두할 수 있게 해주었다. 그것은 경제적인 지원이 아니라 '엄마'라는 우주가 자식의 마음이 따뜻할 수 있게 품어 주는 일이다. 아침마다 먹은 새 밥은 엄마의 정성과 사랑이었고 그 품에 있었던 나는 앞을 향해 나아갈 수 있는 힘을 쌓아 가고 있었다. "정성을 다해야 한다."라는 엄마의 말은 내 딸아이와 교실에서 만나는 제자에게도 영향을 미쳤다. 정성이 얼마나 큰 힘을 발휘하는지는 앞으로 나올 이야기에서 알 수 있다. 정성으로 키운 자식은 결국 열매를 맺는다는 것을.

자식 사랑은 선생님께

 반장 선거에 나가서 당선되었다. "또 반장 됐냐." 하는 엄마 목소리가 들리는 것 같았다. 그 시절에 반장이 되면 학교에 간식을 돌리거나 교실에 필요한 물건을 보냈다. 매년 반장을 했기에 부모님은 종류를 바꿔 가며 교실로 선물했다. 이번에는 햄버거 세트다. 그 당시에 그게 제일 인기 있었다. 햄버거를 돌리던 날, 아침부터 설렜다. 수업 중에도 내 귀는 선생님의 목소리가 아닌 복도로 향해 있었다. 잠시 뒤, 교실 앞에서 들리는 낯선 발소리는 분명 햄버거 가게 직원이었다. 교실 문이 열리는 순간 학교에서는 절대 맡을 수 없는 익숙한 냄새가 교실 안으로 퍼졌다. 선생님의 얼굴을 한번

살폈다. 수업 시간은 햄버거 먹는 시간으로 변했고 공부를 하지 않아도 되는 정당한 시간이 되었다. 오늘 하루 누구보다도 내가 특별하게 느껴졌다.

  햄버거 세트 외에도 교실에 보내는 선물은 따로 있었다. 바로 '피라칸사스'라는 이름을 가진 식물이었다. 청록색의 고풍스러운 도자기 화분에 심겨 있었다. 키 작은 나무에 물방울처럼 달린 잎사귀들, 구슬 같은 붉은 열매들이 소복이 군집을 이루고 있었다. 아빠는 직접 화분을 가지고 교실에 왔고 선생님과 잠깐 인사를 나누었다. 그 순간에는 선생님에게 내가 특별한 학생이 된 기분이 들었다. 화분은 교실 앞 구석에 며칠 있다가 어느 순간 사라졌다. 나는 이 식물의 이름을 외우려고 애를 썼다. 피라카니스, 피라니아스, 피루칸샤스… 정말 외워지지 않았던 이 화분의 이름을 지금까지 기억하고 있다. 커서도 사진으로나 직접 이 식물을 만나면 이름을 안다며 얕은 지식을 자랑하곤 한다. 몇 년 전에는 이 식물이 내가 살고 있던 아파트 길가에 한가득 심겨 있는 것을 발견했다. 갓 돌이 된 딸에게 이름을 말해 주면서 이런 어려운 식물의 이름도 엄마는 알고 있다며 자랑했다. 그 이름을 왜 그렇게 외우려고 했는지. 아빠가 직접 들고 온 화분이라서 그랬을까.

요즘은 학부모에게 선물을 받지 않는다. 학부모들은 학부모 상담이나 학교에 갈 일이 생기면 빈손으로 가기 허전할 수도 있다. 하지만 준비한 선물로 서로 불편한 상황이 될까 봐 굳이 가져가지 않는다. 딸아이를 어린이집에 처음 보냈을 때 선생님께 선물을 드리고 싶었다. 아이 보는 일이 얼마나 힘든지 알기에 맡아 주는 것만으로 감사했다. 처음 한 선물은 커피와 머그컵이 함께 있는 선물 세트였다. 이 선물을 준비하기까지 많이 고민했다. 주변 사람들의 여러 조언을 듣고 심사숙고하여 결정하였으며 드릴 때에도 가장 적절한 시간대가 언제인지 생각했다. 이렇게까지 드릴 필요가 있을까 싶기도 하지만 어린 자식을 첫 기관에 보내면서 가만히 있을 수 없었다. 선생님께 선물을 드릴 모든 준비를 마쳤음에도 선생님이 당황해하고 불편해하실까 봐 걱정이 한가득이었다. 결전의 시간이 되었다. 수줍고 죄송한 듯 선생님께 선물을 내밀었다. 선생님은 고맙다고 하시며 활짝 웃으셨고 가볍게 선물을 들고 들어가셨다. 걱정은 한순간에 사라졌다. 어린이집 행사가 있었던 날, 선물로 모두가 나누어 먹을 수 있는 귤 상자를 준비했다. 이번에는 고민하지 않고 준비한 선물이었다. 어린이집과 학교는 다르다며 선물 공세도 괜찮다고 생각했다. 행사 하나 치르려면 선생님들의 노고가 얼마나 들어가는지를 알기에 보내고 싶었다. 초등학생도 아니고 이제 걷기 시작하는 유아의 부모로서 당연히 선생님께 감사해야 하지 않냐며 나는 과감해지기까지 했다. 그해 겨울 어린이집 담임 선생님에게 SNS로 10만 원짜리 한우 선물 세트를 보냈다. 선생님은 답이 없었다. 그리고 계속 답이 없었다. 선물을 보낸 그날부터는 딸을 데리러 갈 때마다 선생님과의 어색한 기류가 흐르기 시작했다. 딸을 데리러 가는 일이 부담스러웠다. 괜한 짓을 했다며 수도 없이 반성했다. 며칠 후 선생님께 "선생님 왜 안 받으셨어요?" 하며 수줍게 웃으며 말했다. 선생님은 너무 과하다며 괜찮다고 말씀하셨다. 그날 이후 나는 과감했던 선물 공세를 중단했다.

내 초등학교 시절 스승의 날을 또렷이 기억한다. 선생님의 책상 위에는 선물 보따리가 겹겹이 쌓여 있었다. 카네이션은 선물 상자들 사이에 묻혀 있었다. 그 선물들은 선생님 책상 위에 꽤 오래 올려져 있었고 그걸 보면서 여러 가지 생각을 했었다. '선생님은 좋겠다. 저걸 다 어떻게 들고 가지.' 그때는 그것이 당연한 일이었다. 내가 드린 선물이 언제쯤 사라지는지 그날 하루 몇 번이고 확인했다. 지금은 아이들이 직접 만든 카네이션이나 편지는 활짝 웃으며 받을 수 있다. 돈을 주고 산 카네이션은 받기가 편치 않다. 일부러 사 온 카네이션을 돌려보내는 것도 미안하다. 참 불편한 스승의 날이 된 지는 오래됐다.

　학부모 상담 때, 어느 학부모님이 테이크아웃 커피 한 잔을 들고 온 적이 있다. 오전에 에너지를 다 쏟아붓고 배불리 점심을 먹은 후라 멍한 상태였다. 정신 줄을 부여잡고 학부모를 맞이했다. 손에 커피 한 잔을 들고 계셨다. 학교에서 매일 먹던 커피가 아닌 외부 커피 한 잔이 특별하게 느껴졌다. 선생님께 뭐라도 해드리고 싶은 마음은 누구보다 잘 안다. 학부모가 준 것이 아니라면 신이 나서 넙죽 받아먹었을 것이다. 하지만 학부모의 커피는 감사의 인사만 전하고 바로 마시지 못했다. 오래전 선물이 쌓여 있던 선생님의 책상을 떠올리며 몇 년에 한 번 받은 커피 한 잔은 받아도 되지 않나 하는 생각도 했다. 식은 커피를 도로 가지고 가시게 하는 건 더 도리가 아니라 생각하여 가시고 나서 한 모금 마셨다.

　어린 시절 우리 부모님이 했던 선물들, 어린이집 선생님께 했던 과감한 선물까지, 내가 받은 커피 한 잔은 모두 눈에 보이지 않는 자식 사랑의 실물이다. '감사하다.'라는 말도 모자라서 더 해드리고 싶은 그 마음은 선생님을 위함이 아니라 자식을 위함이다. 내가 햄버거를 돌렸던 특별한 날을 지금까지 기억하고, 아빠가 교실로 보낸 화분의 이름을 애써 외웠던 것은 부모의 그 사랑을 내 가슴 한편에 기억하기 위한 본능적인 행동이었는지도 모르겠다. 교사가 되고 보니 학부모의 따뜻한 말 한마디가 힘이 된다. 학기 말 학부모의 '선생님 덕분입니다.'라는 말은 1년의 세월 동안 애쓴 나를 쓰다듬어 주고 아이들과 다시 한 해를 살아갈 힘을 얻는다.

그래서 선생님이
되었습니다

경기도에 있는 이름도 처음 들어 보는 사범대에 들어갔다. 서울 신촌에 살고 있었던 언니와 함께 살기 위해 신촌에서 통학이 가능한 학교를 골라야 했다. 언니 집 바로 코앞에 있는 연세대에 들어가면 좋았겠지만, 문턱에도 가지 못했다. 잠은 연세대 앞에 있는 집에서 자고 학교는 매일 새벽 5시에 신촌역에서 40분 지하철을 타고 서울 교대역에 내려 대학 스쿨버스를 타고 한 시간을 더 가야 했다. 갈아타는 시간을 포함하여 왕복 네 시간이었다. 개강 전, 시간표를 짤 때는 수업을 최대한 한 요일로 몰아 학교에 3일 정도만 갈 수 있게 했다. 강의 주제, 교수 이름은 보지 않았다.

할 수 없이 수업이 하나만 있는 요일이 생기면 F 학점을 면할 수 있을 정도의 출석 기준을 찾아보고 온갖 핑계를 만들며 학교에 다녔다. 집 앞에 있는 연세대도 못 갔고 스쿨버스를 기다렸던 교대도 못 간 내가 정말 싫었다. 대학 동기들은 생기가 넘치는데 나는 그러지 못했다. 남자 선배는 그런 내 모습을 보고 한마디 했다. "너, 가만히 있으면 화난 것 같아. 인상 좀 펴." 이날 처음으로 내가 평소에 인상을 쓰고 있다는 걸 알았다. 그날 이후, 애써 밝은 표정을 지었지만 잘되지 않았다. 오히려 스트레스였다. 선배가 저 멀리 보일 때만 억지로 표정을 바꾸었다. 이 대학에서도 열심히만 하면 중학교 교사가 될 수 있었다. 학창 시절, 초등학교 교사가 되고 싶었지만, 성적이 나오지 않으니 그나마 갈 수 있는 사범대를 선택한 것이다. 하지만 나는 이 학교에 다니는 것이 부끄러웠다. 학교를 벗어나서는 그 누구에게도 내가 어느 학교에 다니는지 말하지 않았다. 그렇게 1년 반이 흘렀다.

같은 학교에 다니는 영문학과 학생을 우연히 알게 되었다. 이 친구는 학기 중에 아르바이트로 돈을 모으고 방학에는 배낭여행을 했다. 가끔 만나 점심을 같이 먹었다. 만날 때마다 세계 곳곳의 여행담을 들었다. 심장이 두근거렸다. 여행에 대한 설렘보다는 지금의 삶에서 벗어날 수 있다는 기대감 때문이었다. 다가오는 방학에 이 친구가 추천한 인도로 배낭여행을 떠났다.

  처음 떠나는 배낭여행을 인도로 가다니, 무슨 용기였는지 생각하면 아찔하다. 험난한 여행길이라 쉽게 가지 못하는 신비로운 나라 인도다. 남들이 하지 않는 일을 해 보고 싶었던 무모한 시절이었기에 겁도 없이 떠났다. 하지만 이 여행에서 꿈을 찾았으니 내 인생에서는 감사한 부분이다. 선진국이 아닌 인도도 환경이 깨끗하고 잘사는 도시가 있다는 것은 여행을 갔다 와서 알게 된 사실이다. '배낭여행'이 고생을 사서 하는 여행임을 함축하는 단어도 아닌데 가난한 여행자처럼 다녔다. 우리나라에서는 3,000원짜리 커피도 아무렇지 않게 마시고 다녔는데 인도에서는 우리나라 돈으로 1,000원 차이의 숙소도 비교해 가면서 골랐다. 내가 여행한 지역들은 시내 중심이라고 했지만 어두컴컴하고 지저분했다. 사촌 동생과 갔지만 여자 둘이 다니는 것은 무서웠고 긴장의 연속이었다. 한국인 동행자를 찾기 시작했다. 처음 보는 사람과 동행하며 친구를 만드는 것이 배낭여행의 묘미라 했다. 한국인이 운영하는 게스트하우스에서 묵었고 로비에서 우연히 한국인 남자 두 명을 만났다. 이 둘에게 동행을 부탁하고 이때부터 여행이 끝날 때까지 함께했다. 선배라는 사람은 덩치가 컸고 산적같이 생겨서는 국적을 알 수 없는 옷을 입고 다녔다. 든든했다. 후배라는 사람은 나와 동갑이었는데 멸치같이 가늘고, 하얀 피부를 가졌다. 둘이 잘생겼더라면 썸이라도 탔을 텐데 정말 든든한 동행자로 남았던 것이 다행이었다. 이 둘과 며칠은 즐거웠다. 완전히 반대의 외모인 둘은 각자 개성이 뚜렷했다. 선배는 걸걸한 동네 아저씨 같았고 후배는 미소년 순수 청년 스타일이었다. 이 둘은 사촌 동생과 나에게 친절했고 재미난 이야기도 많이 나누었다. 하지만 같이 다니면서 나는 말수가 점점 줄어들었다. 둘은 교대에 다니고 있었고 아직 교사도 아닌데, 교사가 된 것처럼 대화를 신나게 주고받았다. 누가 보면 이미 몇 년차 된 초등학교 교사처럼 보였을 것이다. 여행 전, 그 암울했던 내 대학 생활, 서울 교대 앞에서 다른 학교 스쿨버스를 타고 다녔던 시간들을 생각했다. 여행을 끝내고 학교로 돌아가면 또 그 힘든 시간을 보내야 한다. 이 둘은 세상을 다 가진 사람들처럼 보였다. "너희는 모르겠지만." 하고 시작하는 그들의 말은 우리를 무시하는 것 같았다. 어느 대학에 다니냐는 말에 나는 거짓말을 했다. 현실이 싫어서 도피하듯 떠나온 여행이기에 그들의 학교 이야기는 더더욱 듣고 싶지 않았다. 그들의 대화에 끼지 못하는 우리는 겉도는 느낌이 들었다. 하지만 동행을 멈추지는 못했다. 다시 여자 둘이

다닐 자신이 없었기 때문이다. 처음은 든든한 동행자였지만 나중에는 '두고 보자. 나도 교대 간다!'라는 분노 섞인 목표가 생겼다. 현실이 싫어서 떠난 여행이지만 나도 모르게 다른 길을 찾고 있었다. 목표는 엉뚱한 곳에서 시작되었지만, 교대 간다는 목표는 간절한 소망으로 바뀌었다. 점수가 높아서 쳐다도 보지 못했던 교대에 들어가기 위해 한국에 돌아오자마자 휴학했고 수능 공부를 시작했다.

수능은 말 그대로 수학 능력을 평가하는 것이기에 몇 개월 공부한다고 해서 월등한 성적을 받을 수 있는 것이 아니다. 학창 시절에 다방면으로 쌓아 온 지식, 문제해결 능력, 독해력 등을 갖추고 있어야 높은 점수를 받을 수 있다. 제대로 쌓아 온 것이 없었던 나는 수능 공부가 어렵게 느껴졌다. 하지만 꼭 이루고 싶었다. 대학교 이름을 당당히 말할 수 있는 학교에 들어가고 싶었다. 결과부터 말하면 재수로 목표 삼았던 교대에 입학했다. 나만의 공부 방법을 만들고 그 방법이 너무 재미있어서 휘몰아치듯 공부했다. 수능에서 수학과 사탐 두 과목에서 1등급으로 교대에 합격했다. 고등학교 때는 제일 잘 나와 봐야 겨우 3등급이었던 내가 1등급이라니, 꿈같은 등급이었다. 교대 입학 후, 재수의 영향이었을까. 대학 공부도 열심히 했다. 수업마다 맨 앞에 앉아 교수에게 얼굴도장을 찍었고 교수가 하는 농담까지도 필기했다. 시험 기간이 되면 내 필기는 우리 과에 퍼져 있었다. 이렇게 공부할 수 있었던 건 힘든 재수를 거쳐 나이 먹고 뒤늦게 입학해서가 아니다. 공부의 재미를 뒤늦게 알았기 때문이다. 고등학교 시절에 내가 했던 공부는 진짜 공부가 아니었다. 수능 공부를 하면서 두꺼운 성문 종합 영어를 보고 있었으니, 방법도 요령도 모르던 시절이었다. 이렇게 열심히 공부한 나는 500명 중 8등으로 졸업했고 초등학교 교사 임용시험에서도 상위 등수를 받았다. 오기로 시작한 재수로 교대 입학, 임용 합격까지 도전과 성취의 맛을 제대로 맛보았다.

그렇게 선생님이 되었다. 나만의 공부법을 찾았고 공부가 너무 재밌었기에 할 수 있었던 일이다. 이때부터 나만의 것을 찾기 시작했다. 교사가 되어서도 남들을 따라 하지 않고 나만의 방법을 찾아 일에 적용하는 것이 재미있었다. 창의적인 교사라 스스로 여기고 천직이라 생각한다. 처음 들어간 암울한 대학도, 인도 여행도, 재수도 내가 선택한 길이다. 그 길이 없었다면 초등학교 교사가 되지 못했을 것이다. 이런 나의 과거를 생각해 보면 세상에서 의미 없는 경험은 하나도 없다. 실수를 해 봐야 방법을 찾게 되고 성공을 해 봐야 다음 도전도 하게 된다. 고등학생 때부터 공부를 잘해서 무난하게 교대에 들어간 선생님들과 나는 분명히 다르다고 생각한다. 내가 했던 공부법은 매년 만나는 우리 반 아이들에게 전파하고 있다. 이 글을 읽는 학부모를 위해 5장에 상세히 적어 놓았다.

선생님이 되려고 그랬나

 6년 내내 반장을 했던 내게 엄마는 "어릴 때 부끄럼도 많았고 말도 없었던 아이였는데 초등학교 가서 바뀌었다."라는 말씀을 자주 하셨다. 여섯 살 때, 부끄러워 대문 밖으로 나가지를 못해 대문 앞에 서서 빼꼼히 밖을 쳐다보고 있었던 것이 기억난다. 이런 내가 초등학교 1학년 때부터 나서기 시작했다. 선생님과 친구들에게 주목받고 싶은 마음은 아니었다. 일을 계획하고 실행하는 것을 좋아했다. 그런 나를 친구들이 따랐다. 연극을 해 보자며 친구들을 모아 극본을 짜고, 쉬는 시간마다 연습했다. 학교에는 교가가 있으니 우리 반에는 반가를 만들자며 친구들과 노래를 만들었다.

그 당시 유행했던 가요 '칵테일 사랑' 노래에 'ㅇㅇ초 5에 1반 ㅇㅇㅇ 선생님, 공부와 운동에 승부를 걸고' 하며 가사를 넣었다. 내가 계획한 일을 친구들과 하는 데는 반장이라는 직책이 필요했다.

 6학년 반장을 하고 있을 때, 담임 선생님이 3일간 학교에 못 나오신 적이 있었다. 같은 학년 선생님들이 돌아가면서 우리 반을 맡아 주셨다. 자습을 주로 했다. 반장으로서 책임감을 느꼈다. 우리 반 아이들의 관리용 수첩을 준비했다. 쉬는 시간에도 조용히 하라는 선생님 말씀에 교실 앞에 나가서 수첩에 떠드는 친구들을 기록했고 조용한 친구들에게는 스티커를 붙였다. 위에 손잡이가 달린 약상자에 종류별 스티커를 가지고 다녔다. 3일간 자습이 이어지기에 둘째 날에는 내가 수업을 준비했다. 그때 우리 반에 계신 선생님께 수업 준비를 해 왔다며 해도 되냐고 허락을 받았다. 전날 집에서 수학 교과서와 문제집을 보면서 빈 종이를 칠판 삼아 가르칠 내용을 여러 번 연습했다. 처음으로 교실 앞에 나와서 선생님처럼 수업하는 거라 긴장되었다. 그 넓은 칠판에 아주 작게 그리며 설명했다. 발표도 시키고 친구들이 풀 문제도 칠판에 썼다. 공부 잘하고 성실한 남자 친구가 나와서 문제를 풀면서 설명도 했다. 우리 반 아이들은 담임 선생님 수업보다 더 집중하는 듯했다. 그때 함께 계셨던 선생님은 지켜만 볼 뿐 아무 말씀도 하지 않았다. 지금 생각하면 왜 그런 짓을 했는지 부끄럽기만 하다.

그 당시 내가 사는 지역 초등학교 5학년, 6학년 반장, 부반장들만 참여할 수 있는 경주 화랑도 캠프에 참여한 적이 있다. 리더들이 모인 자리이다. 여러 학교가 한 팀으로 구성되어 방 한 칸에 함께 묵었다. 한옥으로 된 이곳은 옛날 화랑들이 묵었던 숙소라 했다. 이 방에 있는 나는 이미 화랑이 되어 있었다. 반장, 부반장만 가는 캠프라 우쭐했다. 주변에 있는 학생들 모두 강단 있어 보였고 똑똑해 보였다. 주변을 견제했다. 짐을 풀고 강당에 전체 학생이 모였다. 캠프 대표 선생님은 밤에 있을 화랑 점화식에 점화할 네 명의 대표 화랑을 저녁 식사 후에 뽑겠다고 말했다. 대표 화랑이 되면 큰 강당 모퉁이에 대기하고 있다가 큰 깃발을 들고 한 명씩 우렁찬 목소리로 '나는 화랑으로서' 하며 두 문장 정도를 외치면서 중간으로 나오는 역할이었다. 도전할 학생은 시나리오를 외워 오라고 했고 목소리의 톤과 크기로 뽑겠다고 했다. 그게 너무 하고 싶어서 그 말을 듣자마자 심장이 두근거렸다. 이때부터 설렘과 흥분을 주체할 수 없었다. 시나리오를 달달 외웠다. 쟁쟁한 아이들 속에서 뽑히려면 조사 하나라도 빠지면 탈락할 것 같았다. 드디어 네 명의 대표 화랑을 뽑을 시간이 되었다. 한 번씩만 연습해 보고 실전에 들어갔다. 경쟁자들의 목소리를 들어 보니 가능성 있어 보였다. 얼마나 떨리던지, 단전에서부터 힘을 끌어올려 가슴 부근에서 숨을 모으고 순간적으로 목구멍을 넓혀 전신의 힘을 끌어올려 외쳤다. 내 목소리가 얼마나 큰지, 이날 알았다. 결국 뽑혔고 화랑 점화식에 참여하게 되었다. 이렇게 사람들 앞에 나와서 무언가를 하기 좋아하는 나는 우리 집 앞마당에서도 했다.

  4학년이었던 나는 포도 넝쿨이 그늘을 만들어 주는 마당 있는 집에 살았다. 작은 골목에 주택들이 옹기종기 모여 있는 곳이었다. 포도알이 커지면서 겨우 연두색이 보랏빛으로 물들 때, 학교 갈 때마다 그중에서 가장 진한 보라색 포도알을 따 먹었다. 운이 좋으면 단맛이 느껴졌다. 우리 집 포도 넝쿨은 동네에서 유명했다. 포도 넝쿨이 가장 많았기에 익을 포도가 많았다. 넓게 퍼져 있는 포도 넝쿨이 그늘을 만들어 주고 평상이 있어서 앉아 놀기 딱 좋았다. 가끔 떨어지는 잎사귀나 벌레는 아무 문제가 되지 않았다. 어느 날, 우리 집 포도 넝쿨 평상에 동네 친구들이 모여 앉았다. 친구들이 포도알을 따 먹고 있는 동안 방에 들어가 스케치북과 매직을 챙겨 나왔다. 내가 수학을 가르쳐 주겠다며 평상 앞에

섰다. 왼손으로 스케치북을 받쳐 들고 오른손으로 수학 문제를 적고 그림을 그려가며 설명했다. 요즘 세상이라면 '네가 뭔데 앞에 나와서 가르치냐?'고 욕을 먹었을 것이다. 그 당시에 우리 동네 아이들이 순수했다고 생각한다. 아니면 동네에서 선생 놀이를 하는 내가 신기했는지도 모른다. 앞아서 내 설명을 듣는 학생들의 초롱초롱한 눈망울을 보면서 내일은 사탕을 챙겨야겠다고 생각했다.

추석날 사촌들과 어른들을 모시고 공연할 계획을 한 적이 있다. 시골 할머니 집의 대청마루가 무대고 관객인 어른들은 마당에 있는 평상에 앉으면 된다고 생각했다. 연극과 댄스를 준비하며 하루를 보냈다. 공연은 결국 하지 않았지만, 준비했던 그날 하루는 들떠 있었다. '공연' 하면 초등학교 야영 캠프파이어가 떠오른다. 팀별 장기 자랑을 준비하는데 우리 팀은 당시 최고 인기였던 '룰라'를 따라 하기로 했고, 내가 메인보컬인 김지연 역할을 맡았다. 우리 팀은 춤을 추며 노래를 불러야 하니 무선 마이크가 필요하다며 미리 사회자에게 부탁했지만 가지고 있지 않았다. 아쉬움을 안고 무대에 올랐다. 내 목소리는 캠프파이어 주변으로 넓게 둘러앉아 있던 학생들에게는 들리지 않을 것 같았다. 목청 터지게 노래 불렀다. 이날 춤추면서 노래 부르는 것이 힘들다는 것을 처음 알았고 텔레비전에 나오는 댄스 가수가 립싱크해도 욕하지 않았다.

유아 시절, 초등학교 시절, 중고등학교 시절에 나는 모두 다른 인격체였다. 유아 시절에는 그렇게 수줍음이 많아 대문 밖으로 나오지 못했고 초등학교 시절에는 나서기를 좋아했다. 중고등학교 시절은 반대로 아주 평범한 학생이었다. 어떤 계기나 동기가 있었던 것은 아니다. 그 당시 본능에 충실했을 뿐이다. 교사가 되어서는 우리 반 아이들을 이끌고 있다. 어릴 때 발현되었던 나서기 유전자가 힘을 발휘한 것이다. 그래서 적성에 딱 맞나 보다. 우리는 아이가 학교에 들어가면 공부를 얼마나 잘하느냐가 관건이라고 생각한다. 학교는 배우러 가는 곳이고 학교 성적으로 아이를 평가한다. 어린 시절을 돌아보면 공부가 다는 아니다. 물론 공부해서 교대에 들어갔기 때문에 교사가 된 것이다. 하지만 '어떤 교사'가 되느냐는 어린 시절의 내 성향과도 관련이 있었다. 지금 아이를 가만히 살펴보자. 어른이 되어서 어떤 일을 하며 살더라도 삶의 방식, 추구하는 가치는 비슷할 것이다.

내게 친구란

 5학년 때, 은화는 여자 친구인데 머리가 남자처럼 짧았고 청재킷과 바지를 주로 입고 다녔다. 말과 행동은 털털했고 과감했다. 매력 있어 보였다. 학교가 끝나면 은화와 종종 집에 같이 오기도 했고 공원 놀이터에서 놀기도 했다. 몇 달은 잘 지냈다. 어느 날, 아빠가 몸살감기로 이른 낮에 집에 오셨고 아빠가 내게 건넨 다정한 말이 좋아서 은화에게 자랑하듯 말했다.

 "우리 아빠가 어제 점심때, 아파서 집에 왔더라. 이마 좀 만져 보라며 열난다면서 친구처럼 말하더라."

 은화는 어떤 아빠가 자식에게 아프다고 말하냐고, 너희

아빠는 좀 이상하다고 했다. 그 순간, 지금까지 아빠와의 추억들을 머릿속에 하나씩 떠올리며 세상에 둘도 없는 좋은 아빠임을 확인했다. 은화를 볼 때마다 그 말이 떠올라 화가 났다. 처음에는 은화가 나와 다른 성격이라 좋았지만, 그 일 이후로는 은화의 모든 행동이 거칠게 느껴졌다. 은화가 내게 상처 되는 말을 또 하지 않을지 두려울 때도 있었다. 은화는 밤송이 같아 찔릴까 무서웠다. 은화가 생각 없이 한 말일 수도 있고 은화 아빠는 다정하지 못해서 질투한 것일 수도 있다. 하지만 아빠를 이상하다고 말한 은화를 용서할 수 없었다.

중학교 1학년 같은 반 친구 신영은, 친한 사이는 아니었다. 같은 초등학교를 나왔기에 가끔 대화를 나누는 정도였다. 신영이는 노는 것을 좋아했고 공부를 열심히 하지는 않았다. 쉬는 시간, 엄마에게 생일 선물로 받은 다이어리를 펴서 무언가를 적고 있었다. 신영이는 내 다이어리에 관심을 보였다. 커버가 감싸진 두꺼운 다이어리는 중학생이 잘 쓰지 않았다. 신영이는 궁금한 듯 내게 다이어리를 보자고 했고 이제 막 쓰기 시작한 다이어리는 적힌 것이 별로 없었기에 흔쾌히 주었다. 그날 오후 책을 사러 시내 서점에 갔다. 책을 고른 후 계산하려고 새 다이어리 앞에 끼워 둔 3만 원을 꺼내려고 했다. 어제 엄마가 미리 준 돈을 다이어리 커버에 꽂아 두었는데 없어진 상태였다. 순간 머리가 하얘지고 심장이 쿵 하고 내려앉았다. 새 다이어리를 사서 처음 끼워 둔 돈이기에 확실히 기억하고 있었다. 아침에도 확인했었다. 몇 초 후 바로 떠오른 것은 신영이었다. 오전에 학교에서 신영이가 내 다이어리를 살피는 모습이 떠올랐다. 맨 앞장 커버를 펴 놓고 보고 있던 신영이 모습도 생각났다. 신영이가 범인이라 생각했다. 서점에서 살 책은 그냥 두고 나왔다. 내 추측이 확실하다고 생각했지만, 신영이에게 말하지 못했다. 아니라고 하면 그만이고, 괜히 말했다가 사이가 나빠질 수도 있기 때문이었다. 신영이가 가져갔다고 생각하니 너무 아깝고 속이 쓰렸다.

내가 크면서 만난 친구들을 생각해 보면 좋았던 기억보다 나쁜 기억이 더 많다. 친구 때문에 속상하고 두려웠고 아팠던 기억도 있다. 물론 '독수리 오 자매'라며 성격 다른 친구들이 무리 지어 재밌게 보낸 시절도 있었다. 교사가 된 후, 반 아이들이 친구로 인해 힘들지 않았으면 했다. 학교에서 필수로 하는 '학교폭력 예방 교육'이 아니더라도 친구 관계와 관련된 수업을 추가로 했다. '내가 듣고 싶은 말과 듣기 싫은 말.', '고마워! 친구야.' 등과 같이 친구 관계 개선을 위한 활동을 꾸준히 했다. 이렇게 하면 다툼이나 고자질 횟수가 좀 줄어든다. 나처럼 예민한 아이들에게는 여유를 가지게 하고 친구 관계에 별 신경을 쓰지 않는 친구들은 친구의 마음을 살필 수 있었으면 했다. 담임이 이렇게 신경 쓰면 학급 분위기는 좋아진다. 하지만 개인이 겪는 친구 문제는 크게 달라지지 않았다. 1년을 지켜보면, 아이들은 같은 방식으로 친구를 대한다. 자기중심적인 아이는 늘 그렇게 생각하고, 피해 의식이 강한 아이나 예민한 아이는 친구가 조금만 선을 넘어도 과민 반응을 했다. 성향은 크게 달라지지 않았다. 아이들은 친구 관계에서 일어나는 일들을 겪으면서 자기와 맞는 친구를 찾는다. 생각해 보면 나도 여러 친구를 만나 보면서 나와 잘 맞는 친구, 안 맞는 친구가 생기고 관계를 위해 노력하기도 하면서 끊어 내기도 했다.

나에게는 친구로 힘들었던 시기에 내 이야기를 덤덤히 들어 줄 사람이 없었다. 아니, 친구에 대한 고민과 속상함, 두려움에 관해 누구에게 이야기한 적이 없었다. 그게 내 약점이 될까 봐 드러내지 못했다. 그런 감정은 느낄 필요가 없다며 '왜 굳이 그렇게 생각하는 거야?'라는 말을 들을 것 같았다. 지적을 받고 싶지 않았다. 그렇게 혼자 끙끙 앓았던 적이 많아서 그랬을까. 그 당시 내 속을 좀 풀었다면 나쁜 기억보다는 좋았던 기억이 더 뚜렷했을 것이다.

 친구 관계는 어른이 되는 과정에서 넘어야 할 벽 중에 하나다. 내가 친구를 미워한 마음도 내가 친구에게 상처받아 아팠던 마음도 모두 내 마음이다. 이 마음은 누가 조정할 수 없다. 친구로 인해 아픈 마음은 풀릴 수 있게 누군가가 이야기를 들어 주는 것이 필요하다. 자식의 친구 문제로 고민하는 학부모가 많다. 아이가 친구 관계로 힘들어한다면 아이의 이야기를 많이 들어 주라고 조언한다. 대부분의 부모는 실패한다. 부모는 해결해 주고 싶은 마음에 이미 머릿속에 답을 떠올려 놓고 아이 이야기를 듣는다. 해결해 주지 말라고 하니 그 답이 나올 때까지 아이에게 질문을 하여 아이가 스스로 답을 찾은 것처럼 만든다. 이것은 아이의 이야기를 들어 주는 것이 아닌 엄마가 해결해 주는 것과 다름없다. 엄마의 해결책은 엄마 것이다. 아이에게는 맞지 않는 옷이라 어색해서 아이는 더 불편해할 수 있다. 판단 없이, 해결 없이 아이의 이야기, 즉 있었던 일, 억울한 부분, 상대 친구에 관한 생각, 사건에 대한 의견 등을 최대한 많이 들어 주는 것이 우선이다.

 오늘도 아이들은 교실에서 친구와 다투거나 의견이 맞지

않아 관계가 흔들린다. 억울하면 내게 달려와 친구의 잘못을 이르거나 속상해한다. 사건의 진실과 잘못의 정도를 따지지 않고 아이의 이야기를 들으며 고개를 끄덕여 준다. 자신의 억울함을 인정받으면 더 이상의 해결이 필요하지 않을 때가 많다. 어떨 때는 스스로 해결책을 찾는 경우도 많다. 내가 말을 많이 할수록 상담은 길어지고 아이가 말을 많이 할수록 일은 빨리 해결된다. 대수롭지 않은 일에 아이가 심각해한다며 어른이 끼어드는 순간, 아이는 해결 방법을 찾지 못하고 억울함만 더 쌓인다. 어른이 아이에게 해 주고 싶은 말이 많은 것은 당연하다. 하지만 지금 필요한 것은 아이의 속상함을 가볍게 해 주는 일이다. 아이의 마음과 뇌는 어른과 다르기에 아이 몸에 맞는 해결책도 아이가 만들어야 한다. 물론, 방법을 모르면 몇 가지의 예시를 들어 줄 수 있다. 친구로 인해 속상할 때 그 이야기를 언제든지 들어 줄 사람이 부모였으면 좋겠다. 아이 곁에 늘 있는 사람은 부모이기 때문이다.

학교는 인생의 전부

    서울과 비교는 안 되지만 나름 지방 학군지에 살고 있다. 교육열이 있는 학부모라면 한 번쯤은 내가 사는 동네에 이사 오고 싶어 한다. 아이를 키우고 있기에 주변의 엄마들과 친해졌고 이미 초등학교에 보낸 엄마들, 선생님들도 있어서 교육에 관한 이야기를 많이 듣는다. 영어 유치원을 보내는 엄마들이 함께 무리를 만들어 다니는 학원 루트도 있고 아파트 단지 안에 숨어 있는 유명한 학원도 있었다. 대부분 학원이 5세부터 시작하기에 지금부터 대기를 걸어야 한다는 이야기도 들었다. 학군지 엄마들끼리 모이면 들을 수 있는 주옥같은 정보들이 이런 거구나. 이런 정보를 들을 때마다 그때는 그게 정답인 것 같지만 시간이 지나고는 부질없다는 생각도 든다.

　5세 때부터 시작할 수 있는 사교육이 상당히 많다. 유아 음악, 미술, 체육 학원들이 종류별로 있고 수학 안에도 브랜드별로 추구하는 방식이 달라 고르기도 어렵다. 요즘은 3세, 4세부터 한글을 가르치려고 애를 쓰고, 두 돌부터 시작하는 1,000만 원짜리 영어 교재, 교구도 있다. "아이 키우려면 집 한 채 값이 든다."라는 말이 나오는 이유가 여기 있다. 유아 때부터 사교육을 시작하여 초등학교 때는 과목별로 하나씩은 기본이다. 공부 체력을 위해 태권도, 줄넘기 학원에 많이 다니며 수학, 영어, 논술은 기본이다. 과학 실험, 코딩 학원, 사고력 학원 등 분야별 학원도 인기가 있다.

　유행하는 사교육을 보면 아이들에게 밥을 반찬과 골고루 먹는 법을 가르치는 것이 아니라 씹어 입에 넣어 주는 방식이 많다. 최근에 알게 된 사교육 중의 하나는 독서 전집을 사야 다닐 수 있는 학원인데 책 한 권씩 읽으며 독후 활동을 시켜 주는 곳이다. 이곳은 영어 유치원 다니는 아이들의 필수 코스란다. 초등학교 2학년이 한 포트폴리오를 보니 세계 여러 나라의 문화와 역사에 관한 책을 읽고 글도 쓰고 사진도 붙이고 요약 정리도 되어 있었다. 처음 이곳에 대해 들었을 때는 아이들의 배경지식을 넓히는 데 도움이 될 것 같았다. 하지만 나중에는 이곳의 교육 목표가 무엇인지 궁금해졌다. 독서에 흥미를 느끼도록 도움을 주는 곳인지, 지식을 가르치는 곳인지 애매했다. 독서의 흥미라면 자신이 보고 싶은 책을 읽으며 재미를 느껴야 하는 것이고 지식을 가르치는 곳이라면 2학년에게 메소포타미아 문명을 굳이 가르쳐 줘야 하느냐는 생각이 들었다. 너무 씹어서 죽으로 만들어 입에 넣어 버리니 먹는 이유와 방법마저 잊어버리겠다.

초등학교 저학년 시절, 피아노 학원에 다녔었다. 대회에 나가 상도 탔다. 음악 시간엔 반주를 도맡아 했었다. 고학년 때는 바이올린을 배웠다. 그렇게 배운 바이올린으로 성인이 되어서는 아마추어 바이올린 오케스트라 단원으로 들어가 정기적으로 합주를 했다. 팸플릿과 초대장을 만들어 지인을 초대해 무대 공연을 하기도 했다. 크리스마스이브 저녁에는 지하철 입구에서 캐럴 연주도 했다. 피아노는 나를 학교에서 돋보이게 했고 커서는 바이올린으로 특별한 경험을 하기도 했다. 학교에서 배울 수 없었던 피아노였고 취미 생활 겸 특기를 위해 바이올린이 하고 싶었다.

사교육을 많이 하지 않았던 어린 시절, 학교는 내 인생의 전부였다. 무엇인가 하고 싶다고 생각하게 했고 그것을 실행에 옮겼다. 친구들과 실제로 부딪혀 보며 방법을 알아 갔다. 학교는 나를 위한 곳이었다. 수업 시간에 연극에 대해 나오는 부분을 보고 연극이 하고 싶었다. 친구들과 점심시간마다 학교 뒤에 모여서 연극 연습을 했었다. 모둠 친구들과 생활 규칙을 만들어 지켰고 스티커 판을 만들어 붙이기도 했다. 방학이 되면 탐구 생활이라는 교재를 숙제로 내 주었다. 탐구 생활은 생활, 인성, 과학, 독서, 사회, 미술 등 다양한 분야가 학년별 수준에 맞게 만들어져 있다. 과학이라면 실험 몇 개가 나오고 미술이라면 예시 작품이 나오면서 방법을 설명해 놓았다. 5학년 여름 방학 탐구 생활이 가장 기억에 남는다. 이 이야기를 매년 만나는 우리 반 아이들에게 해 주고 있다. 탐구 생활 첫 페이지부터 마지막 페이지까지 모두 실행하고 기록을 남겼다. 누가 방법을 알려 준 것도 아니고 시킨 것도 아니었다. 과학에 곤충 채집에 관한 내용이 나왔다. 결과물을 모두 만드는 것이 목표였기에 곤충 채집을 하러 나섰고 몸이 딱딱한 곤충 몇 마리를 잡아 왔다. 그 당시에 검색이라는 것이 없었기에 백과사전에서 곤충을 표본으로 만들려면 어떻게 해야 하는지 찾아보았다. 약국에서 알코올을 사고 핀과 상자를 구해 죽은 곤충을 소독하여 상자에 넣었다. 핀을 꽂았고 상자 위를 아스테이지로 덮었다. 잠자리, 모기도 잘 못 잡는 내가 곤충 표본까지 만들게 된 것은 전부 결과물을 만들기 위한 의지가 있었기 때문이다. 체력을 기르기 위한 줄넘기, 달리기를 설명해 놓은 부분에는 도화지에 달력을 그려 매일 표시하면서 실천했고 식습관에 관한 내용이라면 그 내용을 실천하고 일기를 써서 파일에 넣었다. 동물 뼈에 관한 내용이 나왔다. 바닷가 할머니 집이었다. 할머니 집 앞 바닷가 자갈밭에 소가 묶여 있었고 그 옆에 하얀 동물의 얼굴 뼛조각처럼 생긴 것이 있어서 가지고 왔다. 탐구 생활에 바로 기록할 수 있는 것을 제외하고 나머지는 파일에 끼워 넣고 입체 작품은 상자에 담아 제출했다. 개학 후 방학 숙제 최우수상을 받았다.

이렇게 할 수 있었던 것은 혼자 있는 시간이 많았기 때문이다. 만약 내가 사교육으로 시간을 모두 보냈다면 그 외 시간은 부족한 놀이나 휴식으로 시간을 보냈을 것이다. 엄마가 공부하라는 소리를 하는 것도 아니었고 엄마가 짠 일정에 나를 맞추지 않아도 되었다. 학교는 내 인생의 중심이었다. 학교를 마치고 집에 돌아와서는 교실에서 했던 활동이나 배운 것을 연습해 보거나 내일 할 일을 준비했다. 내 삶을 주도적으로 사는 연습은 이때 한 것이다. 늘 하고 싶은 것이 있었고 목표를 만들었다. 지금은 학교보다는 사교육이 중심이라는 이야기를 듣는다. 안타깝다. 삶을 배우는 곳은 선생님과 친구들이 있고 많은 시간을 보내는 학교인데 말이다. 사교육을 하더라도 학교의 삶을 소중히 여길 수 있는 아이로 자랐으면 좋겠다.

우리 선생님

"과학 예습 안 해 온 사람 일어나!"

5학년 과학 시간이었다. 어제 담임 선생님이 과학 예습을 하고 오라는 말을 했었고 그것을 지킨 한 명 빼고는 단체 벌을 받았다. 숙제를 해 온 한 명의 아이는 과학 교과서에 살짝 흔적만 있을 뿐이었다. 그 정도라면 쉬는 시간에 나도 했겠다 싶었다. 선생님의 의도는 예습을 제대로 하는 것보다 선생님의 말씀을 잘 듣고 행동으로 옮기라는 것이었다. 교과서에 흔적조차 없었던 나를 포함한 반 아이들은 모두 자리에서 일어났다. 우리는 한 시간 동안 가장 쉬운 1단계에서 버티기 힘든 5단계의 벌을 단계적으로 받았다.

선생님은 의자를 책상 안으로 집어넣고 일어서라고 하셨다. 교실에는 아이들이 벌떡 일어나면서 떨어뜨린 연필 소리밖에 나지 않았다. 얕게 숨을 내쉬었다. 선생님은 '앞으로 나란히'를 외치셨다. 이 정도쯤이야. 체육 시간마다 하는 것을. 식은 죽 먹기였다. 시간은 점점 흘렀다. 앉아 계시던 선생님은 하필 힘들 때 일어서서 부리부리한 눈으로 우리를 쳐다보셨다. 내 팔은 책 몇 권이 올려진 것처럼 무거웠다. 모두가 똑같은 동작을 하고 있었기에 팔을 조금이라도 내리면 확 티가 났다. 선생님은 "올려라!"라고 소리치셨다. 그때마다 아이들은 움찔하면서 팔을 더 높이 올렸다. 앞으로 뻗은 팔과 내 몸의 각도는 90도여야 한다. 팔을 내릴 수 없으니 내 몸을 뒤로 젖히면서 각도를 넓혀 보았다. 1분이 한 시간 같았다. 선생님은 우리가 힘들어 보였는지 팔을 내리라고 하셨다. 평소에 하지 않았던 감사의 인사를 속으로 연신 내뱉었다.

"다음은 투명 의자다. 모두 앉아!"

아이들의 탄성이 터져 나왔다. 우리는 대꾸 없이 선생님이 시키는 대로 했다. 선생님은 커트 머리에 키가 작고 다부진 체구를 가진 여자 선생님이었다. 이목구비가 또렷하고 잘생기셨다. 그런 얼굴로 눈썹을 치켜뜨고 미간에 '내 천 자'

를 새기니, 이마에 초승달을 새긴 포청천의 판관이 따로 없었다. 어찌나 무섭던지, 앞으로 선생님 말씀이라면 윤리를 어기는 일이라도 들어야겠다고 다짐했다. 역시 역사가 오래된 투명 의자 벌은 만만치 않았다. 또 팔을 들어야 한다. 처음에는 버틸 만했다. 앞서 받은 벌에서 팔 근육에 생긴 젖산은 사라진 듯했다. 시간이 흐르자, 내 입으로는 "아!", "윽!" 이상한 감탄사들이 나오기 시작했다. 선생님은 우리가 투명 의자의 모범 자세를 유지하고 있을 때는 의자에 앉아 업무를 보시더니 역시나 우리가 후들후들할 때쯤 일어나서 매의 눈으로 쳐다보셨다. 우리는 더 괴상한 소리를 냈다. 그 소리가 커질 때쯤에 선생님은 "그만."이라고 말씀하셨다. 우리는 선생님 말씀이라면 충성을 다하겠다는 눈빛을 보냈다.

"다음은 두 팔 들어!"
이제 아이들은 아무 말도 할 수 없었다. 우리의 고통의 신음과 괴상한 감탄사 때문에 더 시키는 것 같았다. 더 열심히 벌을 받는 모습을 보여 드려야겠다고 생각했다. 이제 투명 의자는 아니니 어떤 벌도 괜찮았다. '앞으로나란히'로 중력을 심하게 받은 팔은 위로 올리니 훨씬 편했다. 유아도 할 수 있는 벌을 주셔서 감사하다는 마음으로 편안하게 팔을 들기 시작했다. 이미 체력을 소진한 우리에게 이런 생각은 얼마 가지 못했다. 그리 오랜 시간이 지나지 않은 상태인데 팔의 감각이 떨어졌다. 역시 이 벌이 가장 많이 활용되는 벌이라는 것을 절실히 깨닫는 순간이 왔다. 제일 쉬운데 가장 힘들었다. 어쩔 수 없이 우리는 고통의 소리를 합창하듯 냈고 선생님은 잠시 듣더니 일어나셨다. "다음은 투명 의자에 두 팔 들기!" 우리는 그 고통의 바닷속에서 허우적대며 모든 것을 운명으로 받아들였다.

그렇게 아주 큰 잘못을 하지 않은 우리는 체계적이고 단계적인 벌을 받고도 별소리하지 않았다. 이날 하굣길에 친구들과 선생님에 대해 어떤 이야기도 하지 않았고 평범한 일상을 보냈다. 집에 돌아가서도 엄마에게 이야기하지 않았던 것을 보면 선생님이 우리를 위해 그랬다는 생각이 더 컸던 것 같다. 벌을 받은 다음 날부터 선생님이 하신 말씀은 모두 지켰으며 시키지도 않았는데 예습을 하기 시작했다. 5단계 벌을 주신 선생님이 너무한다 싶어도 개인적으로 혼내신 적은 없다. 함께 받은 벌이기에 나쁜 기억은 아니었다. 5단계 벌 덕분에 나는 선생님 말씀은 하늘이 두 조각이 나도 듣는 모범 학생이 되었다.

6학년 때 만난 선생님은 만능 재주꾼이었다. 우리가 보기에 못 하는 것이 없어 보였다. 그렇게 생각한 가장 큰 이유는 반 아이들에게 사물놀이를 가르쳤기 때문이다. 그 덕분에 운동회에서 멋진 의상을 갖춰 입고 신명 나는 사물놀이 한마당을 뽐낼 수 있었다. 음악 시간이 되면 "선생님, 악기 꺼내요?" 하며 묻는다. 선생님이 고개를 끄덕이면 악기를 꺼내서 시키지 않아도 맡은 부분을 연습했다. 중간에 선생님이 나오시면 우리는 하나가 된 듯 선생님을 쳐다보며 지휘를 기다렸다. 평소엔 말썽꾸러기, 소심이, 버럭이도 사물놀이만 하면 연주에 몰입하여 숨은 끼를 자랑했다. 사물놀이뿐만 아니라 선생님은 서예도 잘하셨다. 미술 시간이 되면 줄곧 서예를 가르치셨고 우리는 한동안 서예에 빠져 선비 놀음을 했다. 서예 시간에만 느낄 수 있는 정적이 아직도 기억난다. 실력이 좋지도 않으면서 자신감으로 충만했던 시절, 내가 서예 대가라도 된 듯한 기분, 그때가 좋았다. 평소에 해 보지 않았던 경험을 했던 우리는 특별한 사람이 된 것 같았다.

  지금 기준에서 벌이 옳은 것은 아니지만, 당시 5단계의 벌을 준 선생님에게는 감사하다. 1년 동안 아이들의 이 꼴 저 꼴 다 보며 가족보다 더 가까이 지낸 선생님과 우리기에 그 정도는 아무 문제가 안 되었다. 5학년 때 선생님 덕에 선생님과의 약속을 칼이 들어와도 지키는 아이가 됐지 않은가. 선생님들이 가지고 있는 재료는 모두 다르다. 5단계 별을 준 선생님보다 사물놀이를 가르치는 선생님이 더 훌륭한 것이 아니다. 선생님이 가진 재료로 아이들과 작은 열매라도 맺으며 1년을 보내고 있다. 나쁜 길로 인도하는 선생님은 없다. 아무리 아이들이 말썽을 부려도 선생님은 포기하지 않는다. 매년 어떤 선생님을 만날지 궁금하다. 교사도 어떤 아이들을 만날지 궁금하다. 이 둘의 만남은 어쩌면 운명이다. 그 많은 선생님과 아이들 속에서 우리 선생님과 내 자식이 만날 수 있는 확률을 생각해 보면 그 인연은 소중하다. 어떤 선생님을 만나도 선생님이 가지고 있는 재료와 내 자식의 개성이 만나 열매를 맺을 수 있다. 앞으로 내 아이는 담임 12명, 초등학교 전담 선생님 대략 12명, 중고등학교 교과 선생님 60명 이상을 만난다. 이 선생님들이 가진 다양한 재료로 아이들은 자신의 삶을 만들어 갈 것이다. 아이가 이 많은 선생님을 '우리 선생님'이라 부르며 좋아하고 따른다면 그 재료의 깊이와 활용은 굉장할 것이다.

요즘 학교에 많은 민원이 발생한다고 한다. 민원의 원인 중 많은 부분을 차지하는 것이 선생님의 말이나 태도에 관한 일이다. 그래서 교사는 100번 잘하고 한 번 잘못하면 민원이 발생하고 학부모와의 관계도 안 좋아진다고 한다. 조심, 또 조심하라는 말을 많이 듣는다. 이런 소리를 들으면 실수할까 봐 위축되고 두렵다. 나도 학부모로서는 충분히 이해한다. 딸아이의 담임 선생님이 적은 알림장 문구 하나로 속상한 적이 있었다. 교실에서의 선생님과 아이들만 생각한다면 정말 별일 아닌 일이었다. 이런 일이 있으면 부모도 속상하고 선생님도 힘들다. 선생님은 다음 날 또 20명의 아이와 하루를 보내야 한다. 조금만 여유를 가지면 별일 아닐 수 있는 일에 엄마의 감정을 소모하지 않았으면 좋겠다. 엄마들은 '엄마'라서 많은 부담과 스트레스가 있다. 나를 포함한 엄마들이 행복했으면 좋겠다. 사소한 일이 엄마의 감정으로 커질 수 있는 것이 바로 자식 관련 일이다. 이것이 내 상한 감정 때문인지, 정말 아이를 위한 일인지 한 번만 생각해 보자. 나와 내 아이를 위해서 말이다.

엄마의 최선

 30대 후반에 첫째를 낳았다. 딸의 이름은 다미이고 18개월 들어설 때쯤 어린이집에 갔다. 일주일간 어린이집에서 함께 지내며 적응 기간을 가졌다. 어린이집에서 다미는 이것저것 만져 보기도 하고 정수기에 물을 스스로 받아서 먹어 보기도 했다. 집에서는 해 본 적이 없었던 행동이기에 기특함이 밀려왔다. 편안하게 탐색하는 다미의 모습에 안심했다. 하루에 한 시간씩 늘려가며 다미와 나는 적응 기간을 함께 보냈다.

 일주일 후, 드디어 다미 혼자 어린이집에 가는 날이 되었다. 스스로 선택한 일은 아니지만 다미 인생의 첫 관문이자 도전이다. 아침부터 무슨 상황인지도 모르는 다미에게 옷을 입히고 아침을 먹이는 동안 엄마가 왜 자신을 어린이집에 보내는지에 대해 설명했다. 다미에게 제일 예쁜 옷을 입히고 숱도 없는 머리를 묶어 주었다. 쌀쌀한 가을 날씨라 모자도 씌워 주었다. 가는 길이 힘들지 않도록 뒤에서 밀고 갈 수 있는 손잡이가 달린 자전거에 태웠다. 다미가 이 길을 좋아할 수 있도록 나는 쉴 새 없이 떠들었다. 길에 떨어져 터진 감을 보고 놀라기도 하며 수북이 쌓여 있는 낙엽을 보며 감탄하기도 했다. 어린이집에 가는 동안 말도 잘 못하는 이 어린 것을 벌써부터 남에게 맡기는 내 자신이 싫었다. 하지만 집에서 하루 종일 다미를 보는 것도 힘들었다. 어린이집에 가면 놀거리도 많고 친구들도 있으니, 다미에게는 더 좋은 환경이라 생각했다. 어린이집 문 앞에 도착했다. 벨을 누르는 순간까지는 괜찮았다. 선생님이 나오셔서 다미를 번쩍 안으셨다. 이제는 정말 떨어져야 한다는 생각에 순간 눈물이 터져 나왔다. 선생님은 그런 나를 배려해서인지 짧게 인사만 하고 들어가 버리셨다. 집에 돌아오는 길, 소리 없는 눈물이 계속 흘러내렸다. 집에 도착하여 현관문을 닫고 들어가자마자 엉엉 소리 내어 한참을 울었다.

20개월의 다미는 손목과 팔꿈치 사이에도 살이 포동포동하여 주름이 있었다. 다미의 팔을 본 사람들은 귀엽다며 살을 만져 보곤 했다. 통통한 다미가 걱정되었다. 나는 고3 때 몸무게가 70kg까지 나갔다. 보통 체격으로 자랐다. 고3 때 먹신이 들어왔다. 밤마다 큰 밤식빵을 하나씩 먹어 치웠더니 살이 갑자기 늘었다. 어릴 때도 좀 말랐더라면 그렇게 찌지 않았을 거란 생각을 했다. 교사 발령을 받고 정장을 사러 갔었다. 중년 브랜드 77 사이즈를 사야만 했다. 그제야 살을 빼고 싶어 세상에 있는 모든 다이어트를 해 보았다. 결국 다이어트의 정석인 식단 조절과 운동으로 55 사이즈를 입을 수 있게 되었다. 지금도 몸무게에 강박이 있어서 조금만 늘어나도 스트레스를 받는다. 나처럼 이런 고민을 하지 않도록 처음부터 마르게 크길 바랐다. 어린이집 담임 선생님에게 "다미가 너무 많이 먹는 것 같아요. 살찌지 않을까요?" 하며 걱정했다. 어린이집 선생님은 그런 걱정 하는 엄마는 처음이라며 별걸 다 걱정한다고 하셨다. 집에 돌아오는 길에 부끄러웠다. 초보 엄마 중에서도 나는 왕초보 엄마라는 것을 스스로 인정하는 순간이었다.

  다섯 살이 되고 유치원을 정해야 하는 시점에서 유치원 설명회에 참석했다. 원장들은 유치원의 장점과 특성화 프로그램들을 소개하며 원에 대한 자신감을 드러냈다. 옆에서 함께 듣던 엄마들은 고개를 끄덕이며 만족하기도 했고 특이점에 대해 기록하며 비교하는 엄마도 있었다. 나의 기대가 너무 컸을까, 설명회를 갈 때마다 실망했다. 한 유치원에서는 수학을 몬테소리로 한다는 문구를 크게 적어 놓았다. 원장은 선생님들이 모두 몬테소리 자격증을 소지하고 있다고 했다. 나는 육아 휴직 동안 3~6세 몬테소리 국제 자격증을 따기 위해 2년 동안 공부했고 과제, 필기시험, 수업 실연을 통과하여 자격증을 취득했었다. 몬테소리에 관해 잘 알고 있기에 원장에게 질문했다.

"졸업반이 된 아이들은 어떤 교구를 하고 있나요?"

몬테소리는 아이의 발달에 맞춰 우리나라 초등학교 2학년 정도의 수준까지 수학 교구가 만들어져 있다. 그렇게 몬테소리 수학에 대해 자랑하던 원장은 내게 도리어 물었다.

"무슨 교구요?"

원장이 몬테소리에 대해 정확하게 알지 못한다고 생각하고 다시 질문했다.

"그럼, 아이들 수학은 어느 정도의 수준에서 졸업하나요?"

"어머님, 어느 정도는 다 합니다. 걱정 마세요."

원장의 말에 크게 실망했다. 몬테소리에 대해 모른다 해도 아이들의 수학 수준 정도는 말해 줄 수 있어야 한다고 생각했다. 두루뭉술 이야기하고 마무리 지으려는 원장의 태도가 마음에 들지 않았다. 지금까지 강조한 유치원의 장점들은 사진과 말만 거창하고 실속은 없어 보였다. 이 유치원 설명회 이후 마음에 드는 유치원이 하나도 없었다. 한 곳은 골라야 하기에 머리를 쥐어뜯으며 고민했다. 유치원이 뭐길래, 이렇게 고르는 것이 힘들 줄이야. 아이의 인생이 내 손에 달린 것 같았다.

다미가 신생아였던 시절, 몬테소리 여사의 《흡수하는 정신》이라는 책을 읽게 되었다. 몬테소리 교육철학에 대해 상세히 적혀 있었다. 지금까지 나는 '몬테소리'는 비싼 교구 회사 이름인 줄만 알았다. 오랜 역사가 있었고 전 세계적으로 몬테소리 유치원과 학교가 운영 중이었다. 우리나라에는 지역별로 한두 개의 몬테소리 유치원이 있다. 몬테소리 교육에서 가장 중요한 내용은 책 제목에서처럼 0~6세 유아의 정신 상태이다. 0~3세 시기의 유아는 스펀지가 물을 빨아들이듯이 환경을 흡수하기 때문에 유아의 주변 공간, 물건, 언어 등과 같은 환경이 중요하고 3~6세 시기에는 이것을 의식적으로 흡수한다. 그래서 부모는 아이의 발달을 도울 수 있고 혼란스럽지 않도록 환경을 구성하는 것이 필요하다. 그리고 모든 아이에게는 시기별 감각, 운동, 언어, 사회성 등의 민감기가 찾아오고 그 시기에 맞는 교구를 주어 발달을 촉진하고 감각을 섬세화시키는 것이 몬테소리 교육이다. 책은 두 가지의 내용을 바탕으로 환경과 교구를 어떻게 만들고 준비해야 하는지 상세히 나와 있었다. 몬테소리가 고안한 교구들과 교육 방법들만이 유아들이 가지고 있는 능력을 최대치로 끌어낼 수 있을 것 같았다. 제대로 배우고 싶었다. 방법은 자격증을 취득하는 것이라 생각했다. 알아보던 와중 3~6세 국제 몬테소리 자격증을 알게 되었다. 이 교육을 전파하기 위한 교사 양성 과정이었다. 2년 동안 강의를 들으며 과제를 해 나갔다. 필기시험과 실기 시험, 교구 제작 검사를 통과하여 자격증을 취득했다. 이제 다미에게 몬테소리 교육을 제대로 해 줄 수 있게 되었다. 몬테소리 교구 전체를 중고로 사들였다. 세 살이 된 다미에게 좀 이르게 교구를 제공했지만 1분 이상을 이어 가지 못하고 도망가기에 바빴다. 이 교육은 몬테소리 유치원 3~6세 혼합반에서 형님과 아우가 되어 서로 가르치고 배우는 방식이다. 아이 스스로 원하는 교구를 선택하고 집중하며 반복해야 만족하고 다음 단계의 교구에도 도전하고 싶어 한다는 것이 몬테소리 교육이다. 다미 혼자 놔두고 나무 상자에 들어 있고 재미도 없어 보이는 교구를 꺼내 함께하자고 되는 일이 아니었다. 하지만 2년의 노력은 아이를 바라보는 눈을 바꿔 주었다. 미숙하여 어른의 도움이 필요하고 가르쳐야 하는 존재에서 모든 것을 흡수하여 스스로 발달시키려는 능력을 갖춘 위대한 인간이라는 것을 깨달았다.

　많은 학생을 만나 왔다. 가르치는 직업이다 보니 내 아이도 잘 키워야겠다는 생각을 가진다. 아니, 부모니까 그런 생각을 하는 것이다. 아이를 낳아 보니 지금까지 만났던 부모들이 어떤 심정으로 나를 만났는지 이제는 알겠다. 왕초보 엄마인 나는 지금도 잘하고 있는지 모르겠다. 뭐 하나라도 놓치는 것이 없나 불안하다. 하지만 이것만은 알겠다. 아이 키우는 일의 정답은 책에 나온 육아서가 아니라 내 안에 있다는 것을. 왕초보 엄마가 한 쓸데없는 걱정들도, 잘 키우고 싶어서 공부한 몬테소리 자격증도 후회하지 않는 것은 그 당시 내가 할 수 있는 최선을 다한 것이기 때문이다. 내 아이를 위한 정답은 내가 만드는 것이다. 이게 맞냐, 틀리냐는 아무도 말할 수 있다. 지나고 나서도 후회할 필요 없다. 그 당시에는 그것이 엄마의 최선이기 때문이다. 엄마라는 자격을 가진 단 한 사람만이 할 수 있는 일이기에 그 일은 가치 있고 소중하다.

2장

학교에서 아이들의 삶

재미

— 게임이라면 환장

'게임'이라는 말이 들어가면 아이들은 환장한다. 핸드폰, 컴퓨터 게임은 이미 관리 대상이다. 게임의 묘미는 긴장감과 이겼을 때의 희열이다. 한번 게임에 빠지면 그만두기 쉽지 않다. 교실에서도 게임을 한다. 핸드폰 게임은 손을 움직여 캐릭터를 이동하지만 교실에서는 직접 움직인다. 집중력이 떨어지는 오후 수업 시간에 게임을 하면 아이들은 살아난다. 게임은 학습 주제에 맞추어 다양하게 진행한다. 동기유발로 할 수도 있고 수업 마무리 단계에서 아이들이 얼마나 알고 있는지 확인할 때 할 수도 있다. 교실에서 땀이 날 정도로 움직이게 할 수 있으며 공부에 동기가 없는 아이들도 집중시킬 수 있다. 매시간 게임으로 수업하면 아이들에게 "학교가 너무 재밌어요.", "우리 선생님, 최고예요."라는 소리를 들을 수 있다.

 '패스 더 볼 게임'은 모든 교과, 주제에 적용할 수 있다. 음악, 공, 문제만 있으면 된다. 가장 흔한 게임이면서 아이들의 몰입도를 강력하게 끌어올리는 게임이다. 음악에 맞춰 반 전체 아이들은 차례로 공을 넘긴다. "이 공은 폭탄이야! 빨리 넘겨야 해. 하지만 던져서는 안 돼! 다음 친구에게 잘 넘겨 줘야 해." 하며 규칙을 알려 준다. 이 말을 하지 않으면 약속이라도 한 듯이 던지는 아이가 있다. 아이들은 선생님이 어디서부터 공을 시작해 줄지 궁금하여 눈이 반짝인다. 맨 앞에 있는 아이는 공을 달라고 손을 뻗는다. 약을 올리며 한 번 줬다가 뺏고 출발시킨다. 공이 전달되고 몇 초 있다가 도중에 음악을 잠시 멈춘다. 그 순간 공을 가지고 있는 아이가 문제를 푼다. 못 푼다면 함께 풀어 보기도 하고 옆 친구가 도와주기도 한다. 다시 음악 소리가 들린다. 신나는 리듬에 흥도 나지만, 박진감 넘친다. 넘겨줄 때 공을 바닥에 떨어트리면 주워 와서 의자에 앉아 그대로 이어 간다. 매의 눈빛과 타이밍으로 문제를 풀었으면 하는 아이가 공을 잡고 있을 때 음악을 멈춘다. 아뿔싸! 한 박자 늦어서 공이 넘어갔다. 다음 친구가 문제를 풀었다. 얼마나 신중히 문제를 푸는지, 문제가 나와 있는 텔레비전 화면이 뚫릴 정도이다. 문제를 잘 푸는 아이 몇 명, 정말 풀 수 있는지 확인해야 하는 몇 명, 수업 태도가 좋지 못한 아이 몇 명을 적절히 섞는 것이 중요하다. 내 손가락 하나로 "으악!" 하며 머리를 양손으로 쥐어뜯으면서 괴로워하는 아이도 있고, 오히려 문제를 풀고 싶어 하는 아이도 있다. 이렇게 모든 문제를 풀고 나면 같은 문제로 또 하자고 한다. 게임이라면 정말 환장한다.

수업과는 관련 없지만 수업 시작 전, 쉬는 시간에 방출했던 에너지를 가라앉히고 집중시킬 만한 게임도 있다. 내가 10년 동안 학년 상관없이 써먹는 게임이 있다. 1학년에서 6학년, 심지어 다섯 살 딸에게도 먹히니, 참 대단한 게임이다. '맛있는 오렌지'라는 게임인데 놀이 수업의 전도사 이인희 선생님의 연수에서 배운 것이다. 내 입만 있으면 된다. "얘들아, 게임하자!"라는 말은 필요 없다. "맛있는 오렌지!"만 외치면 날 처다보고 손뼉 칠 준비를 한다. '맛있는 사과, 맛있는 초콜릿….'처럼 맛있는 뒤에 먹을 것이 나오면 아이들은 동시에 박수를 한 번 친다. '맛있는 과자' 짝! '맛있는 수박' 짝! 그런데 여기서 못 먹는 것이 나오면 손뼉을 치면 안 된다. 이 게임의 묘미는 여기 있다. '맛있는 똥' 하는데 누군가 손뼉을 치면 아이들은 깔깔 넘어간다. 이어서 먹을 수 있는 음식들을 나열하고 한 번씩 '오줌', '방귀', '코딱지' 같은 단어들을 넣는다. 이쯤 되면 "선생님 제가 문제 내 볼게요!" 하는 친구들이 있다. 몇 번 시키고 나면 10분이 훌쩍 넘는다. 그래서 아이들에게 문제를 내게 하는 것은 진도 여유가 있을 때 가끔 한다. 6학년 아이들에게도 이 게임이 먹힌다. 사춘기 아이들은 깔깔깔 넘어가게 웃지는 않지만 집중해서 손뼉을 친다. 이만하면 괜찮은 게임이다.

이렇게 모두가 즐겁게 참여하고 마무리되는 게임도 있지만 그렇지 않은 게임도 있다. 경쟁게임 같은 경우다. 가장 기본인 경쟁게임은 가위바위보 게임이다. 이 게임은 아이들이 정말 좋아하는데 꼭 속상해하거나 불만을 가지는 아이들이 생긴다. 선생님 대항 게임으로 시작한다. 아이들은 제자리에 서서 선생님과 마주 본다. 선생님 대 아이들이 가위바위보를 해서 지면 자리에 앉아야 한다. 비기거나 이기면 계속 도전할 수 있다. '가위바위보!' 선생님의 영혼이 담긴 손놀림에 아이들의 생사가 결정된다. 한 번 할 때마다 "앗싸!" 하는 승리의 감탄사와 아쉬워하는 탄성이 공존한다. 이긴 아이들은 두 주먹을 쥐며 방방 뛴다. 진 아이들은 바로 앉지 못하고 '내가 낸 건 이게 아닌데.' 하며 아쉬움으로 주춤한다. 뒤에서 아이들이 소리 지른다.

"선생님, 얘 졌는데 안 앉아요!"

속이려는 게 아니라 순간적인 실수에 대해 받아들일 시간이 필요한 것이다. 또 들려온다.

"선생님, 얘 손 바꿨어요!"

손을 바꾼 아이는 내 손이 말을 듣지 않는다며 자기 잘못이 아니라고 한다. 끝까지 살아남는 아이는 로또 당첨된 것처럼 기뻐한다. 이겼다고 대가가 있는 것도 아닌데 말이다. 게임이 끝나면 여전히 들려오는 소리. "선생님, 또 해요." 다섯 살 딸아이와 똑같다.

단순하고 쉬운 게임도 아이들은 즐거워한다. 이렇게 게임을 좋아하면 매일 해 줘도 되지 않나 생각할 수도 있다. 하지만 아이들이 좋아하는 것은 보상으로 아껴 둬야 한다. 게임으로 흥분된 마음은 쉽게 가라앉지 않는다. 오히려 수업 분위기를 흐릴 수 있다. 오늘따라 수업 분위기가 좋으면 인심 썼다는 듯 게임 제안을 한다. 반 전체가 몇 개의 스티커를 모으면 게임 한 번이라는 보상으로 쓰기도 한다. 이러나저러나 이겨도 좋고 져도 좋다니, 간식보다 더 좋은 게임이다.

아이들에게 '재미'는 본능이다. '재미'로 동기를 끌어올렸을 때, 그 효과는 몇 배가 된다. 무엇인가를 가르치고 싶을 때는 이 요소를 가지고 와 보자. 이것을 왜 해야 하고 얼마나 도움이 되는지에 대한 설명보다 도움이 된다. 가정에서는 엄마의 지시와 그것을 수행해야 하는 아이만 있다. 아이가 시키는 것을 제대로 하면 칭찬받고 그렇지 않으면 엄마의 잔소리를 들어야 한다. 가정에서도 '재미'의 요소를 넣어 아이와 활동해 보면 좋겠다. 수학 공부 시간이라면 문제를 적어 상자에 넣고 뽑아서 문제를 풀 수 있다. 맞았다면 맡은 개수만큼 도장을 찍거나 게임처럼 점수를 받는다. 독서하는 시간이라면 엄마가 책 속에 간식 이름이 적힌 종이를 곳곳에 꽂아 둔다. 그 책을 우연히 읽게 되어 종이를 발견하는 소소한 재미를 느낄 수 있다. 가정에서 공부 루틴을 만들기 위해 아이와 함께 계획을 세워 본다. 3일 또는 5일을 실천하면 스크래치 복권을 뽑을 수 있게 한다. 시중에 '사각형 스크래치 스티커'를 검색하면 회색 사각 스티커를 찾을 수 있다. 종이에 무언가는 적고 그 위에 붙이면 긁는 복권이 완성된다. 복권 내용으로는 아이가 좋아하는 작은 보상을 적어 놓는다. 저학년 시기의 습관 형성에는 작은 보상이 매우 유용하다. 이렇게 형성된 습관은 고학년이 되었을 때 도움 된다. 이 시기에는 아이가 원하는 것이 달라지므로, 아이의 바람을 수용하되, 더 중요한 것은 많은 대화를 나누는 것이다.

꿈과 미래, 삶의 가치, 현재 삶을 돌아보는 이야기를 질문으로 던지며 시작해 보자. 아이들의 사고가 깊어지고 있는 시기이니만큼, 부모는 진심 어린 공감으로 아이의 말을 들어주고, 부모의 의견도 솔직하게 이야기하는 것이 좋다. 이런 대화를 자주 나누다 보면, 아이는 점점 내적인 동기에 의해 스스로 행동할 수 있는 힘을 키울 수 있다.

경험
—교실 밖의 추억

"와, 새끼 쥐다!"

텃밭 활동을 하던 우리 반 아이가 소리쳤다.

"어머머머!"

아이들보다 더 크게 소리 지르며 좁은 텃밭 고랑을 넘어질 듯 뛰어갔다. 쥐라고 하면 사람 몰래 지하실 같은 어둡고 축축한 곳에 숨어 살며 병균을 옮길 것 같은 존재다. 그림책 속에서는 부지런하고, 귀엽고, 인자한 동물 친구로 그려지지만, 현실은 다르다. 회색도 아닌, 시커먼 진짜 쥐. 그런데 이렇게나 작고 귀여울 수가! 앙증맞은 모습에 흥분을 감추지 못했다. 그런 나를 보며 아이들은 피식 웃는다.

"선생님, 새끼 쥐 처음 봐요?"

'선생님은 모든 걸 다 알아야 하는 거 아닌가요?' 하는 눈빛을 보내며 말했다.

보기 쉽지 않다는 핑계를 댔다. 아이들은 3cm쯤 되는 새끼 쥐를 두 손으로 조심스럽게 들어 올려 창고 뒤, 사람이 다니지 않는 곳으로 옮겨 주었다. 잠자리, 모기도 손으로 못 잡는 나는 2학년 우리 반 아이들이 듬직했다.

반대쪽 고랑, 배추가 심겨 있는 곳에 있던 아이들은 배추흰나비 애벌레가 있다며 우리를 불렀다.

"선생님, 여기 배추흰나비 애벌레 있어요!"

과학 교과서에 나오는 '배추흰나비 한살이' 단원이 생각났다. 도시에서는 애벌레를 직접 관찰하기 어려워 사진과 영상으로만 수업했던 내용이다. 그런데 이곳 시골 학교 텃밭에서는 교과서 속 생명이 눈앞에 살아 움직이고 있었다. 애벌레라 하면 평소엔 소름부터 돋기 마련인데, 텃밭에 살고 있는 배추흰나비 애벌레는 귀여워 보였다. '얘들아, 아이들이 정성껏 키운 배추니 마음껏 먹고 건강하게 번데기로 변해 다오. 나도 너희의 변화를 꼭 보고 싶단다.' 번데기를 실제로 본 적 없는 우리 반 아이들과 나는 작은 생명체를 흐뭇하게 바라보았다. 살아 숨 쉬는 진짜 교육의 현장이었다.

5월, 우리는 《호박이 넝쿨째》라는 그림책을 함께 읽었다. 호박씨를 심는 것부터 자라는 과정, 수확한 뒤, 해 먹을 수 있는 음식까지 아이들의 눈높이에 맞게 구성된 그림책이었다. 끓이기만 하면 당장이라도 달콤한 호박죽이 될 것 같은 커다랗고 노란 호박 그림을 보자 아이들이 외쳤다.

"우와! 맛있겠다."

평소에 채소를 보고 이런 반응은 보이지 않는데, 이것은 분명 키우고 싶다는 의도였다.

"우리도 그림책처럼 호박 키워서, 호박죽 만들어 먹어 볼까?"

아이들은 주저 없이 "좋아요!"라고 말했다. 텃밭 관리를 맡고 계신 주무관에게 부탁드려 호박씨를 구했고, 우리 반 아이들 수대로 여섯 개의 씨앗과 각자 이름이 적힌 팻말을 준비했다. 우리는 함께 밭으로 향했다. 주무관은 공동 텃밭이 아닌, 학교 건물 반대편에 있는 한적하고 조용한 공간을 우리에게 내어 주셨다. 아이들이 기르기에 딱 좋은 곳이었다. 간격도 넉넉히 두어 자리를 잡아 주셨다. 아이들은 손에 꼭 쥔 단 하나의 소중한 씨앗을 정성껏 심었다.

"선생님, 팻말을 씨앗 가까이에 꽂으면 씨앗이 다칠 것 같아요. 조금 앞으로 띄워서 꽂아도 될까요?"

아이의 진지한 눈빛에 나도 고개를 끄덕이며 웃었다. 하지만 속으로는 걱정이 앞섰다. 혹시라도 누군가의 씨앗만 싹이 나지 않거나, 잘 자라지 않으면 어쩌나 하는 마음이었다. 그날 이후 나는 매일 아침 출근하자마자 텃밭으로 향했다. 싹이 땅 위로 얼굴을 내밀었는지 확인했다. 하지만 이틀이 지나도록 두 개는 여전히 조용했다. '괜히 각자 하나씩 맡자고 했나. 다 함께 키우자고 할걸.'

아이들도 쉬는 시간마다 텃밭으로 달려가 싹을 살펴보고 돌아왔다.
"선생님, 제 건 아직도 싹이 안 나왔어요."
그 말을 듣고 '선생님도 너만큼 불안하단다…' 생각이 많아졌다.

다행히도 이틀 후에 모두 싹이 났다. 시골 공기와 기름진 땅, 그리고 우리의 정성과 바람으로. 아이들은 각자 페트병을 준비하여 매일 아침에 물을 주었다. 잎이 나고 꽃이 필 때까지 아이들은 스케치북에 자신의 식물을 그려 성장 일기도 완성해 보았다. 꽃이 시들 때쯤 꽃받침 아래 통통하고 작은 호박이 만들어지기 시작했다. 꽃이 떨어지면서 주먹만 한 호박이 크는 것을 보니, 신기했다. 아이들도 나도 호박을 잠시 잊고 지냈다. 어느 날, 주무관이 교실로 와서 호박 소식을 전해 주었다.

"선생님, 호박이 많이 컸어요. 가 보세요."

우리는 그렇게 애지중지 키우던 호박을 잠깐 잊은 것을 미안해하며 텃밭으로 달려 나갔다. 호박은 보이지 않고 넝쿨 더미가 되어 커다란 잎들과 잡초들이 뒤엉켜 있었다. 우리는 놀라 서로를 바라보았다. 누가 심은 호박인지 알 수 없었다. 우리는 모두 달려가 잎과 줄기 사이에 꼭꼭 숨어 있는 호박을 찾았다. 지금부터는 보물찾기 시간이다. 호박은 모두 연두색이거나 초록색이었다. 분명히 우리는 호박죽을 끓여 먹을 때 쓰는 커다란 노란 호박을 상상하며 심었는데 말이다.

"우리 한 개씩 집에 가져가서 엄마 드리자! 호박죽은 못 해 먹겠다."

'호박이 넝쿨째 수업'의 마지막은 호박죽을 먹는 것이다. 며칠 뒤, 늙은 호박을 시장에서 사 왔다. 아이들은 새알을 빚고 나는 호박을 서걱서걱 썰어 호박죽을 끓여 먹었다.

그해, 늦가을 은행나무의 노란 잎이 진해질 무렵, 눈송이가 흩날리듯 은행 나뭇잎이 떨어졌다. 단층인 작은 학교 뒤에 우뚝 솟아 있는 은행나무는 마을에서 키가 제일 컸다. 노란 잎이 나무 아래 소복이 쌓였다. 밟으면 발이 푹푹 들어갈 정도였다. 2학년 통합 시간, 우리는 은행나무 아래에서 수업

했다. 일기예보를 직접 해 보는 시간이었다. 우드록을 이용하여 큰 직사각형을 만들고 그 안을 뚫어 텔레비전을 만들었다. 얼굴에 대면 딱 가슴팍까지 왔다. 주변을 매직으로 색칠하고 안테나도 달았다. 잘못 건드렸다가는 금방이라도 부서질 듯하여 조심히 다루었다. 마이크는 휴지 심이 손잡이고 스티로폼 볼이 마이크 윗부분이다. 마이크의 상징인 격자무늬를 볼에 그리니 그럴싸했다. 각자 미리 준비해 둔 대본을 가지고 연습했다. 아이들은 밖에 나갈 생각에 속도를 냈다. 여섯 명이라 카메라맨, 감독, 대본을 앞에서 들어 주는 사람, 우드록 텔레비전을 들어 주는 두 명, 일기 예보관 역할을 돌아가면서 했다. 한 명이라도 역할이 빠지면 안 된다. 작은 역할이라도 모두가 맡아야 즐겁다. 큰 은행나무 아래 있는 나무 테이블에 연결된 의자 위에 올라가 일기예보를 했다. 긴장하며 대본을 읽는 아이들의 모습은 꽤 진지했다. 늦가을이라 코가 살짝 빨개졌다. 여섯 명이 모두 일기예보를 마칠 때까지 우리는 열심히 자신의 임무를 수행했다.

1학기 말 아이들과 가장 기억에 남는 일에 대해 발표했다. 한 아이가 은행나무 아래에서 한 일기예보가 가장 기억에 남는다고 이야기했다. 몇몇 아이들은 호박 키운 이야기를 했다. 교사인 나에게도 추억이 되었는데 아이들은 오죽

할까. 책상에 앉아 있는 10시간보다 밖에 나가 눈으로, 귀로, 소리로, 촉감으로 느끼는 세상이 더 기억에 남는다. 나도 어린 시절 책상에 앉아 수업을 들었던 기억은 하나도 남아 있지 않다. 밖에 나가서 몸으로 경험한 일들만 내 역사가 되었다. 부모들은 학교에서 하는 큰 행사만이 다양한 경험이라 생각할 수도 있다. 교육과정 속에 경험 중심의 수업들이 많이 들어가 있다. 2학년 즐거운 생활 성취 기준 중에는 '나의 흥미와 재능 등을 표현하는 공연·전시 활동을 한다.'와 같이 직접 해 보는 내용이 많다. 여러 과목에서 성취 기준의 서술어가 '탐색한다, 탐구한다, 상상한다, 조사한다, 구현한다, 감상한다, 어울린다' 등으로 적혀 있다. 성취 기준을 바탕으로 학교, 교실 실정에 맞게 수업이 이루어지고 있다. 아이들은 지금도 학교 안에서는 부모가 모르는 수많은 경험을 하고 있다.

관심
– 보건실은 아픈 친구들만 가는 곳이 아니에요

하성이는 배를 움켜잡고 내 책상 앞으로 나왔다.
"선생님, 배가 아파요."
"아침에 뭐 먹었니?"
배가 아프다는 아이가 있다면 아침에 먹은 것을 물어보고, 화장실에 가야 하는 상황이 아닌지 확인한다. 하성이가 아침에 먹은 음식을 분석해 본 결과, 아플 이유는 없었다. 화장실도 갔다 왔다고 했다. 하성이 엄마에게 특별히 연락받은 것도 없었다. 이쯤 되면 하성이의 아픈 배는 꾀병이 아닐까 생각한다. 수업 중 배가 자주 아프다고 한다. 처음에는 무조건 보건실에 가 보라고 했다. 나중에 보건실에 보낼 때는 교실 문을 나가는 하성이의 뒷모습을 보며 정말 아픈 건지, 꾀병인지, 매의 눈으로 살펴보았다. 보건실에 보내고 한 시간 후, 보온 주머니를 아랫배에 안고 돌아왔다. 보건 선생님의 사랑이 한가득 담겨 있는 주머니다. 하성이의 아픈 배는 관심과 사랑이 필요했던 것일까. 얼굴에 화색이 돌고 환히 웃으며 교실에 들어왔다. 그런 모습을 볼 때는 꾀병이었구나 싶어 다음에는 보건실에 보내지 말아야지 하는 생각도 한다. 재미없고 지루하면 보건실에 가 버리는 버릇이 생길까 염려도 된다. 그래서 자주 아프다는 하성이를 보건실에 보내야 할지, 좀 참아 보라고 할지, 매번 고민이다. 학생이 아프면 당연히 보건실에 보내야 한다. 그리고 요즘 세상에 학생이 꾀병이라도 아프다는데 안 보냈다가 뒷일을 감당하기 쉽지 않을 수도 있다. 내 눈에도 훤히 보이는 꾀병에 보건실 허락은 늘 고민이지만 돌봄을 받고 싶은 아이의 마음일 수도 있기에 그냥 보내기도 한다.

아이들은 학교에서 담임 선생님의 허용, 허락 범위에서 행동한다. 복도에서 뛰지 말라는 선생님의 말씀을 꼭 지키는 아이들이 있다면 선생님 눈을 피해 전력으로 질주하는 육상 선수들도 있다. 하지만 이들도 선생님이 갑자기 나타나기라도 한다면 갑자기 속력을 줄이는 묘기를 부린다. 안 되는 것을 안다. 하지만 보건실은 꾀병이라도 허락을 받아 낼 수 있는 것이다. 복도에서 뛰어도 당당한 것이다. 평소에 선생님 말씀을 잘 듣지도 않는 하성이가 당당히 나를 속이고 '선생님은 허락해 줄 수밖에 없을걸!'이라 생각할 수도 있다.

"선생님, 머리가 아파요." 하성이는 오늘은 다른 곳이 아프다. 바로 '보건실에 가 보자.'라는 말 대신 "왜 아플까?" 하며 대화를 이어 간다. 하성이는 곰곰이 생각하는 듯했다. "어떻게 하면 좋을까?" 질문을 계속 이어 간다. 하성이 입에서는 '보건실에 갈래요.'라는 말은 절대 나오지 않는다. 정말 머리가 아프다면 보건실에 가겠다고 먼저 말할 거라는 생각은 나의 꾀병 진위여부 판별 방법이다. 소용없다. 계속 머리는 아프고 질문의 한계는 오기에 결국 빙빙 둘러 보건실에 가게 한다. 질문의 개수만 달라질 뿐, 보건실은 무조건 허락하게 된다. 혹시라도 내가 "의자에 좀 앉아 있어 보고 도저히 안 되겠으면 말해라."라고 말했다가 아이의 통증이 더 심해지면 안 되기에 결국 이 방법도 잘 쓰지 않게 된다.

교실의 탈출구가 보건실이 된 이유는 명백하다. 담임과 엄마에게는 없는 무언가가 있기 때문이다. 우리는 아이가 모기에게 물리면 약을 발라 주는 것이 관심과 사랑의 최대치다. 하지만 보건 선생님은 부기를 가라앉히고 가렵지 않도록 작고 귀여운 얼음팩을 올려 주신다. 이 얼음팩이 물이 될 때까지 열심히 대고 있다. "선생님, 엄마는 이런 거 안 해 줘요."라며 보건 선생님의 사랑과 정성을 한 번 더 되짚어 본다. 집에서 배가 아프다고 하면 바로 화장실로 안내를 받지만 보건 선생님은 내 배에 딱 맞는 크기로 만들어진 찜질팩을 올려 준다. 찜질팩의 따뜻함은 아이들의 마음도 녹게 만든다.

"선생님, 보건실 좀 갔다 올게요. 피가 나요."

"어디? 어디?"

피라고 하니 놀라서 물어본다. 여기라고 손가락으로 가리켜야 알 수 있는 상처다. 몇 초 후면 지혈되어 눈에도 보이지도 않을 이런 상처까지도 정성스러운 소독과 밴드에 보건 선생님의 "아이고, 어쩌다가!" 하는 따뜻한 위로까지 듣고 온다. 보건실은 이런 곳이다. 집에서 다쳤으면 별거 아니라며 밴드 하나 붙여 줄 상처도 전문적인 상처 치료에 마음의 공허함까지 채워 오는 곳이다.

보건 선생님은 학교마다 다르지만, 학년별로 성교육이나 약물 중독, 흡연 예방 교육 같은 수업을 해 주신다. 아이들은 담임이 아닌 다른 선생님이 오셔서 수업하는 것만으로도 신선할 터인데 마음까지 보듬어 주는 보건 선생님이 해 주시니 입이 찢어진다. 보건 수업이 끝나고 담임이 교실로 들어가면 보고 싶었다며 와락 안긴다. "내 수업보다 더 집중하더라." 하고 질투도 한다. 코로나 시국에 보건 선생님은 눈이 움푹 들어가고 안색이 어두워지셨다. 수시로 바뀌는 국가 방침에 쏟아지는 공문을 처리하며 학교 전체의 비상을 도맡아 처리해 주셨다. 코로나가 잠잠해질 때쯤 돼서야 "너무 힘들어서 몸에 병이 났는데 병가도 못 썼다."라고 말씀하셨다. 보건 선생님은 아이들의 상처, 마음, 교육까지 책임져 주신다.

교실 4분의 1 크기의 작은 보건실에는 보건 선생님이 기다리고 있다. 아주 작은 상처까지도 말끔히 치료해 주는 곳이며 아이들 마음까지도 달래 주는 곳이다. 어떤 상처라도 대접받을 수 있는 곳, 세상 어디에도 없는 곳이 학교에 있다.

우리는 항상 물을 마셔야 한다. 물을 계속 마시지 않으면 갈증이 생기고 다른 일을 할 수 없을 정도로 몸이 지친다. 아이는 물처럼 관심이 필요하다. 관심은 특별한 것이 아니다. 표정이 안 좋으면 왜 그런지 물어보고, 작은 상처라도 살펴봐 주는 것이다. 아이를 강하게 키운다는 명목으로 '이것 가지고 그러니?'라고 하면 안 된다. 처음 만나는 큰 세상에서 살아남기 위해 자신을 안심시키기 위한 본능이다. 어른의 작은 행동으로 불안한 마음을 달래 줄 수 있다. 어른에게는 아무것도 아닌 일이라 그냥 지나칠 수 있는 일들이 아이들에게는 꼭 필요하다. 가정에서는 부모가 보건 선생님이 되어 주자. 자주 아픈 하성이를 위해 학부모 상담을 진행했고 부모의 관심으로 채워 주니 보건실에 가는 횟수도 줄어들었다.

자유시간
– 점심시간의 의미

"선생님, 배고파요!"

11시 30분부터 허기가 진다. 나도 아이들도 수업에 집중하다 보면 어느새 4교시가 시작되고 20분이 지나면 배꼽시계가 울린다. 아이들은 배가 고프다며 아우성친다. 급식 먹는 순서가 학년별로 정해져 있는 학교도 있고 선착순인 경우도 있다. 우리 반보다 먼저 급식실로 향하는 반이 있다면 부러움의 눈으로 복도를 쳐다본다. 수업이 착착 잘 진행되면 "오늘 우리 정말 열심히 했으니 빨리 먹으러 가자!" 하고 인심 쓰고, 수업이 산만해지고 마무리가 잘 안되면 "오늘 급식 늦게 먹겠네!" 하며 은근히 압박을 넣는다. 급식실로 향하는 길. 정오 햇살이 평소보다 더 눈부시고 공기도 상쾌하다. 오전 수업을 열심히 하고 나서 한숨 돌리는 시점이다. 가는 길이 아무리 멀어도 발걸음이 가볍다. 급식실 가는 길은 봄, 여름, 가을, 겨울의 다른 햇살을 느낄 수 있다. 가면 갈수록 음식 냄새가 난다. 먼저 와서 줄 서 있는 반이 있다. 줄의 길이는 순간의 기분을 좌우한다.

  교사는 급식 지도를 한다. 밥과 반찬을 받을 때는 "감사합니다." 인사를 꼭 하게 한다. 자리에 앉아서는 말하지 않고 먹는 데만 집중하게 한다. 아예 먹지 않은 음식이 없도록 하나라도 먹어 보게 한다. 영양사 선생님이 고심하여 만든 6대 영양소를 고루 갖춘 식단이기에 엄마 된 마음으로 다 먹었으면 한다. 다 먹은 후 첫 번째 할 일은 잔반을 식판 한곳에 모으는 것이다. 배식대 반대 방향에 있는 퇴식구에 수저를 분리하고 잔반통에 잔반을 흘리지 않도록 붓는다. 이렇게 매일 지도해도 인사를 안 하는 아이, 먹으면서 옆 친구와 장난치는 아이, 늘 국에 말아 먹는 아이, 김치는 절대 안 먹는 아이로 참 한결같다. 급식실에서 가장 칭찬받는 아이는 바로 식판에 밥 한 톨도 남기지 않고 싹싹 다 먹는 아이이다. 1년 내내 칭찬받는다. 반에 꼭 한 명씩은 꼭 있다. 내가 만나 본 이런 아이들은 선생님 말씀도 잘 듣고 성실한 경우가 많았다.

　내 입에 음식이 들어갈 때는 잠시라도 말을 안 해도 되니 행복하다. 맛을 음미하며 '제발 시간아, 천천히 가렴.' 마음속으로 빌고 있을 때쯤, 저 멀리 앉은 우리 반 남자아이가 내 레이더망에 걸려들었다. 옆 친구도 아니고 뒤에 있는 친구와 장난을 친다. 출동하여 빠른 시간에 해결하고 다시 돌아와 먹는다. '이제 좀 먹자.' 할 때쯤부터는 식판 검사를 한다. 아이들은 내게 먹다 남은 음식을 보이며 "다 먹었어요." 한다. 입안에 한가득 씹고 있는 아이들은 말하면서 내 얼굴에 음식물 몇 개를 남기고 간다. 아이의 식습관을 잘 알고 있기에 평소 안 먹던 반찬을 좀 먹었으면 '통과.' 아니면 '한 숟가락 더.'라고 말해 준다. '제발, 선생님!' 하는 눈빛으로 나를 쳐다본다. 아이들의 먹는 속도, 검사받는 순서는 늘 비슷하다. 1학년 선생님들은 추가적인 급식 지도를 더 해야 한다. 김치나 조각이 큰 반찬이 나오면 곳곳에서 "잘라 주세요!" 소리가 들린다. 차라리 미리 가위를 들고 다니면서 쭉 훑어보고 항상 잘라 달라는 아이의 반찬을 미리 잘라 주는 것이 편하다. 닭 다리나 립이 나오면 꼭 발라줘야 하는 아이도 있다. '스스로 할 수 있어야지!'라는 말은 차마 못 한다. 그래도 밥인데 엄마처럼 챙겨 주고 싶은 마음이다. 어린 자식이 한 명이라도 있으면 식사 시간만 되면 아이 다 먹이고 나중에 밥을 먹는다. 자식이 둘이면 밥이 입으로 들어가는지 코로 들어가는지 모른다. 하물며 자식이 24명이나 있는데 제대로 먹기 힘든 건 당연하다. 2학기쯤 되면 좀 낫다. 아이들도 컸으니 스스로 잘 먹는다.

몇몇 아이들은 염불에는 마음이 없고 잿밥에만 관심이 있다. 밥을 게 눈 감추듯 먹고 운동장에 나가 놀 생각이다. 늘 급하게 먹는 아이들은 정해져 있다. 축구를 좋아하는 민규는 항상 첫 번째로 식판 검사를 받는다. 어느 날, 내가 통과시켜 주지 않으면 발을 동동거리며 "다 먹은 거라고요!" 한다. 키도 작고 말라서는 급하게 먹고 와서 검사받는다. "안 돼, 밥 세 숟가락에 김치도 먹고 와. 천천히!" 하면 자리로 돌아가는 속도 1초, 추가로 먹는 속도 5초다. 뒤에 '천천히'라는 말을 붙이는 이유가 여기 있다. 밥을 먹고 난 후, 바로 양치질을 한다. 3분이 아니라 3초 양치질을 하는 아이들도 정해져 있다. 유빈이는 1년 내내 스스로 한 적이 없다. 급식실에서 교실에 돌아오면 유빈이는 운동장에 가고 없다. 유빈이 사물함을 열어 칫솔에 물기가 있는지 확인해 보았다. 말라 있었다. 모른 척하고 유빈이가 돌아오면 묻는다. "칫솔 가지고 와 볼래?" 그제야 양치하러 간다. 다음날은 칫솔이

젖어 있었다. 집요한 정 선생은 유빈이를 못 믿고 내일부터 일주일만 같이 양치를 하자고 제안한다. 이렇게 양치 습관을 좀 고치고 나면 종업식이다.

운동장에 나가지 않는 아이들은 교실에서 시간을 보낸다. 학년별 나름의 특징이 살아난다. 저학년은 종이접기, 색칠하기, 블록 놀이를 주로하고 고학년은 수다를 떨거나 각자의 일을 한다. 도서관 이벤트에 참여하거나 학생회 활동을 하기도 한다. 고작 10분밖에 안 되는 쉬는 시간을 지나 드디어 30분 정도 되는 휴식 시간이 되면 지금까지 하지 못한 일들을 한다. 나도 커피 한 잔 가지러 교사 연구실에 가면 선생님들을 만난다. 오전에 있었던 일들을 나누거나 짧게 회의한다. 아이들과 부대끼다가 동료를 만나면 눈빛으로 서로를 다독여 준다. 이것으로 오후 수업에 쓸 에너지를 채운다.

아이들도 나도 자유시간이 꼭 필요하다. 점심 식사 후에 있는 긴 쉬는 시간은 아이들에게 소중하다. 오전 4교시 동안 꾹 참고 앉아 수업을 들어야 하고 중간에 있는 10분의 쉬는 시간은 화장실만 갔다 와도 끝난다. 이 시간 동안은 마음껏 하고 싶었던 활동을 할 수 있다. 친구들과 대화를 나누거나 함께 놀면서 안 친했던 친구와 우정을 쌓기도 하고 새로운 놀이를 만들어 낼 수도 있다. 몇 명의 아이들에게는 오늘의 휴식 시간이 수업 시간보다도 의미 있을 때도 있다. 선생님은 안전에 문제가 없고 규칙에 어긋나지 않는 일이라면 허용한다. 이 자유로운 얼마간의 시간은 아이들에게 소중하다. 가정에서도 아이들의 자유시간을 잘 보내고 있는지 살펴보자. 스마트폰 게임을 하며 시간을 보낸다면 아이에게 아무런 도움이 되지 않는다. 눈과 머리를 쉬게 하거나, 바쁜 일상으로 평소에 하지 못했던 일을 아이의 환경 속에서 스스로 찾아서 무엇인가 하는 시간을 보내는 것도 좋다. 아이가 진정한 휴식 시간을 가지려면 부모의 관심이 이 부분에서도 꼭 필요하다.

기분

—하루를 좌지우지

　밖에는 구름이 잔뜩 끼어 있고 비가 추적추적 내린다. 교실이 어두워 등 전체를 켜 놓는다. 늦은 저녁 분위기가 난다. 이것도 아이들에게는 신선함으로 다가간다. 수업 중 한 아이가 소리친다. "선생님, 귀신 이야기 해 주세요." 자동으로 제일 몸이 빠른 아이가 내 표정을 한번 살피고 등 스위치를 신속하게 끈다. '안 돼.'라고 하기 전에 내 입을 막을 전략이다. 불까지 끄고 아이들은 기대에 찬 눈빛을 내게 보낸다. 아이들의 기대에 부응하기 위해 먼저 분위기를 잡는다. 아이들의 두 눈은 더 초롱초롱해지면서 내가 입을 열기만을 기다린다. 몇몇 아이들은 이야기 시작도 전에 비명을 질러 댄다. 부담스럽다. 사실 귀신 이야기를 준비해 놓은 적이 없다. 이때 딱 후회한다. '귀신 이야기 몇 개 좀 알고 있을걸!' 내가 알고 있는 이야기는 초등학교 시절에 유행했던 이야기가 전부다. 학교 앞 정원 안에 책을 보고 있는 어린아이 동상이 밤만 되면 하루에 한 장씩 책장을 넘기는데 이 책장이 모두 넘겨지는 날, 학교는 무너진다는 이야기다. 이 이야기가 유행에 뒤처져서 시시한 느낌이 드는 건 나뿐이다. 이런 생각을 극복하고 실감 나게 이야기만 하면 아이들은 좋아한다. 미간에 힘을 주고 낮은 목소리로 이야기를 시작한다. 목소리 흉내 하나는 자신이 있다. 아이들에게 책을 재밌게 읽어 주려고 구연동화를 배운 적이 있다. 이럴 때 참 요긴하게 활용한다. 이야기 사이의 여운은 긴장감을 주는 데 효과적이다. 창밖에서는 빗소리만 들릴 뿐이다. 아이들은 이야기가 끝나고 앙코르를 외쳤다. 급히 머리를 굴리며 '빨간 휴지 줄까, 파란 휴지 줄까.'를 기억해 냈다. 출처는 어딘지 모르지만, 다행히 앙코르에 보답하고 급히 마무리한 후, 불을 켰다. 아이들은 깊은 잠에서 깬 듯 눈을 찡그리며 기지개를 켠다.

  비가 오는 날에 아이들의 귀신 이야기 요청은 밖이 어두워서일 수도 있지만, 다른 이유가 있다. 비 오는 날은 유독 아이들이 처진다. 수업에 집중도 잘 못하고 자세도 좋지 않다. 다독이고 야단도 치며 게임도 하지만 다른 날 같지 않은 이 분위기는 뭘까. 그러니 귀신 이야기로 시간을 보내고 싶은 것이다. 쉬는 시간이 되자, 1학년 우리 반은 웬일로 좀 차분하다. 평소에는 그렇게 뛰어다니지 말라고 해도 내 눈을 피해 잡기 놀이를 하는데 오늘은 뛰는 아이들이 없다. 남자아이들은 뒤쪽 공간에 앉아서 블록을 가지고 논다. 큐브 블록으로 총, 칼을 만든다. 그때, 한 남자아이가 바닥에 주저앉아 울고 있었다. 알고 보니 같이 블록 놀이를 하고 있던 친구가 만들고 있던 총을 손으로 내리쳐 총이 부러진 것이다. 오늘따라 속이 많이 상했는지 울음이 좀 길었다.

책상에 앉아 업무 보고 있는데 또 한 명이 얼굴을 찌푸린 채로 내게 달려왔다. "선생님, 미진이가 발 걸었어요." 속으로 '도대체 왜 그러는 거야!' 하는 마음의 소리가 목구멍까지 올라왔다. 둘을 불러 이야기를 들어 보니 장난이었다고 한다. 왜 그런 장난을 치는지. 이후로도 이 둘은 몇 번의 다툼이 더 일어났고 번갈아 가며 고자질했다. 나는 다툼 중재자가 되어 쉬는 시간을 다 보냈다. '그래, 다치지만 않으면 되지!' 비 오는 날 추적추적 내리는 비와 어두컴컴한 분위기는 마음까지 싱숭생숭하게 만든다. 구름 한 점 없이 맑은 날의 상쾌한 기분은 하루를 활기차게 시작하게 해 준다. 반대로 오늘 같은 날씨는 아이들의 울음이 길어도, 서로 짜증을 내도 이상하지 않다. 교사 연구실에 선생님들이 잠시 모였다. "오늘은 사건이 많아. 날씨 탓인가." 선생님들은 사건 해결을 하느라 정신이 없었다고 말한다.

  비 오는 날은 모두가 날씨에 영향을 받지만, 보통의 날은 등교 전 집에서 어떤 시간을 보냈는지에 따라 아이들의 기분이 달라진다. 등교 시간, 교실에 들어오는 아이들의 얼굴을 보면 알 수 있다. 평소와 다른 모습이라면 한 번쯤 더 살펴본다. 아침의 기분이 아이의 하루를 좌우하기 때문이다. 유민이는 평소에 옷을 단정하게 입고 오는데 하루는 날씨에 맞지 않는 옷을 입고 왔다. 추운 날인데 얇은 티셔츠 한 장만 달랑 입었고 단추도 어긋나 있었다. 유민이는 평소에 감정 기복이 크고 분노가 많은 아이였다. 엄마 말도 잘 듣지 않아, 상담을 여러 번 했었다. 그날 유민이는 친구와 의견이 충돌했고 분노를 참지 못해 소리를 지르며 의자까지 넘어뜨렸다. 엄마에게 전화해 보니 아침에 가방을 챙기지 않아서 야단을 쳤는데 유민이가 엄마에게 대들었다고 한다. 그래서 엄마는 유민이를 방에 10분 정도 가두었다고 했다. 유민이 엄마는 자신의 훈육 방법에 문제가 있음을 인정하고 있었다. 하지만 하루의 시작을 그렇게 보내는 것은 절대 안 된다. 유민에게는 분노의 하루였다.

　우리도 마찬가지다. 아침의 시작이 활기찰 때는 하루를 힘차게 보낼 수 있다. 아침에 남편과 다투거나 집안에 걱정거리가 있으면 하루의 시작이 정말 힘들다. 아이가 아프거나 부모님에게 무슨 일이 있으면 온통 그 생각뿐이다. 이런 날은 아침에 반 아이들을 맞이할 때, 쉽사리 미소가 지어지지 않는다. 입꼬리는 올라가 있지만 인상을 쓰고 있다. 최대한 밝게 인사하려고 노력해야 한다. 내가 즐겁지 않으니, 모든 것이 힘들게만 느껴진다. 차라리 수업에 몰입하여 아무 생각이 없어질 때쯤에 기분이 나아지고 에너지가 올라간다.

　2학년 다솔이는 우리 반에서 학교생활을 가장 열심히 했다. 공부, 운동, 친구 관계 등 모든 것이 완벽한 아이였다. 수업 시간 다솔이는 바른 자세에 눈이 반짝반짝하고 내 말에 고개를 끄덕이며 수업에 집중했다. 남자아이면서 여자아이들과도 친했다. 부모님은 바빠서 아이를 잘 챙기지 못한다고 했지만 다솔이를 보면 그렇지 않아 보였다. 1교시가 시작되고 다솔이는 필통을 연다. 그때마다 종이쪽지를 발견하고 행복한 미소를 짓는다. 한번은 다솔이 곁에 가서 뭔지 확인해 보았다. 엄마의 짧은 메모였다. '다솔아, 빛나는 하루 보내. 사랑한다.'라고 적혀 있었다. 다솔이는 거의 매일 엄마의 쪽지를 필통에서 확인했다. 짧은 엄마의 편지에서 하루의 에너지를 얻는 듯했다. 학부모 상담 때 다솔이 엄마에게 그 쪽지에 관해 물어보았다. 손이 제일 잘 가는 식탁 위에 메모지와 필기도구를 두고 짧게 써 준다고 했다. 다솔이 엄마는 그 일이 어렵지 않다고 했다. 오히려 다솔이를 많이 챙겨 주지 못하는 것을 이 쪽지로 퉁 치는 것 같아 미안하다고 했다. 다솔이 엄마에게 그 쪽지를 볼 때마다 미소 짓는 다솔이의 모습을 전해 주었다.

아이들의 하루를 자신이 가지고 있는 역량을 발휘하여 최대한 활기차게 생활할 수 있게 돕는 것이 어른의 역할이다. 어른의 하루는 어떤 시작이든 노력으로 좋게 만들 수 있지만 아이들은 그렇게 하지 못한다. 아이를 둘러싸고 있는 분위기와 기운이 아이의 기분을 좌우하고 그것이 하루를 결정한다. 등교 전, 아침만큼은 최대한 기분 좋게 학교에 보내자. 하루를 기분 좋게 보낼 우리 아이를 생각하면서! 아니면 다솔이 엄마처럼 짧은 쪽지는 어떨까.

친구

– 학년별로 그 특징이 다르다

"선생님, 저 어제 색종이로 공룡 접었어요."

"와, 공룡을 접었어? 대단한데!" 초등학교 저학년은 선생님에게 인정받고 싶어 한다. 그래서 고학년보다 선생님 말씀을 잘 듣고 칭찬받으려는 행동을 많이 한다. "교실에 쓰레기가 많네."라고 한마디 하면 우르르 몰려와 청소한다. 선생님 책상 주변이란 말도 안 했는데 책상 아래까지 들어가 먼지를 쓴다. 저학년은 반 친구들 앞에서 칭찬받으면 최고의 하루다. 이것은 긍정적인 효과가 있다. '오늘 지혜 자세가 정말 좋다.'라고 한마디 하면 반 전체 아이들의 허리가 펴진다. 간혹 어떤 학부모는 자신의 아이만 칭찬받지 못하는 것 같다며 서운함을 표현하기도 한다. 하지만 그 칭찬이 우리 아이에게도 영향을 준다는 사실을 안다면 마음을 내려놓을 수 있다. 칭찬의 효과는 그리 길지는 않다. 짧은 시간에 강력한 힘을 발휘하여 다음 행동에도 영향을 미친다. 고학년이 되면 선생님보다는 또래에게 인정받고 싶어 한다. 반 친구들이 인정해 주는 것이 더 중요하다. 축구를 열심히 하는 이유는 선생님에게 잘 보이고 싶은 것보다 친구들에게 '너는 우리 반에서 축구를 제일 잘해!'라는 말을 듣고 싶기 때문이다.

1학년에게 어떤 친구가 좋은지 물어보면 '재미있는 친구'라고 가장 많이 답한다. 다정하고 친절하고 배려심 있는 친구가 아니다. '재미있는 친구'라는 의미는 말 그대로 말과 행동이 웃긴다는 의미도 있지만 같이 놀면 자기가 재밌다는 뜻이다. 1학년 초, 수민이는 창렬이를 정말 싫어했다. 창렬이가 장난이 너무 심해서 수민이가 힘들어했기 때문이다. 창렬이가 화장실에서 수민이에게 물을 뿌려서 옷이 반쯤 젖은 일이 있었다. 결국, 이 일로 수민이 엄마는 화가 많이 나셨고 창렬이와 창렬이 엄마의 사과를 받은 적이 있었다. 몇 달이 지나고 수민이는 창렬이를 정말 좋아하게 되었다. 그 이유가 창렬이가 장난은 심한데 재미가 있기 때문이라고 했다. 심지어는 내게 짝을 하게 해 달라고 부탁을 한 적도 있었다. 학부모들끼리 사과까지 한 일이 있었는데도 나중에는 단짝이 되었다. 6학년에게 물어보면 이상적인 대답이 나온다. '이해를 잘해 주는 친구, 내 말을 잘 들어 주는 친구, 착한 친구'라고 한다. 이것만 보더라도 학년별 친구의 의미는 정말 다르다.

학년별 고자질의 빈도를 분석해 보면 차이를 확실히 볼 수 있다. 1학년은 고자질 대마왕이다. "선생님, 은우가 복도에서 뛰었어요." 하면 나는 속으로 '너도 아까 뛰었잖아!'가 바로 튀어나온다. 은우를 포함하여 다른 아이들에게도 주의를 준다. 고자질할 때, 교사는 놀라거나 과한 행동을 해서는 안 된다. 친구를 이르는 것이 옳은 행동이 아니므로 잘했다고 해서도 안 된다. 차분히 "그렇구나. 선생님이 알아서 할게." 하고 마무리한다. 그 고자질로 바로 해당 학생을 불러 확인한다면 고자질을 한 학생은 자신의 행동이 옳다고 생각하게 된다. 1학년 담임 때, 하루에 10건 이상의 고자질을 해결한다고 쉬는 시간을 다 보낸 적이 있었다. 그래서 칠판 구석에 A4 크기의 화이트보드 판을 붙여 놓고 고자질 대신 이곳에 자신의 이름을 적으라고 했다. 수업이 끝나면 선생님과 이야기를 나누는 시간을 갖자고 했다. 아이들은 쉬는 시간에 친구와 다투고는 씩씩대면서 자신의 이름을 적었다.

매일 다섯 명 이상의 아이 이름이 적혔다. 수업이 끝나고 이름 적힌 친구들을 불렀다. 아이 대부분은 별일 아니라며 지우고 가거나, 자기가 적었는지조차 깜빡한 아이도 있다. 그만큼 1학년 아이들의 다툼은 가벼운 경우가 많다. 2학년부터는 학년이 올라갈수록 고자질은 줄어들어 6학년이 되면 거의 없다. 친구 관계 자체가 중요한 것이지 선생님을 끌어들이거나 인정이 중요한 것은 아니기 때문이다.

쉬는 시간에 아이들의 관계를 파악하기 힘들 때가 있다. 끼리끼리 놀고 있거나 화장실에 가거나 각자의 할 일을 한다. 잘 놀다가 갑자기 자리에 혼자 앉아 표정이 굳어 있는 아이 정도는 알 수 있다. 하지만 속속들이 내막은 알 수 없다. 쉬는 시간 뛰는 아이는 없는지, 장난이 심한 친구는 없는지 보고 있기에 아이들도 친구와 다툼이 있어도 티를 내지 않는다. 오히려 수업 시간이 되면 알 수 있다. 아이들의 눈동자는 친구에게로 향해 있다. 분명 무슨 일이 있는 것이다. 쉬는 시간에 친구와 문제가 생겨 자꾸 마음이 쓰이는 것이다. 이렇게 친구와 관계가 틀어지면 수업에 집중하지 못하는 아이들도 있다. 다음 쉬는 시간에 불러 이야기를 들어 보고 해결 방법에 대해 의논하기도 한다.

친구는 학교생활의 즐거움을 결정하는 중요한 기준이 된다. 어릴 때 그런 기억이 많다. 좋아하는 친구와 단짝이 된 날은 세상을 다 가진 것 같았다. 내가 가장 친하다고 생각하고 좋아했던 친구가 나를 멀리하는 느낌이 들면 괴로웠다. 물론 이런 경험을 통해 성장하지만, 그 당시에는 속이 참 쓰리다. 중학교, 고등학교에 가서도 친구란 존재는 나의 삶에 많은 영향을 미쳤다. '뒷담화'가 얼마나 위험한지, '왕따'의 상처가 얼마나 깊은지를 옆에서 지켜보며 느꼈다. 뒷담화는 돌고 돌아 나에게 돌아온다. 왕따는 가해자가 피해자의 힘든 마음을 알아차리지 못하는 덫에 걸려 씻을 수 없는 상처를 서로에게 남긴다. 매년 아이들을 만날 때마다 다양한 사례들을 들려주고 당부한다. 친구가 보는 데서 귓속말 금지, 왕따 분위기가 형성되는 즉시 선생님은 솜방망이가 아닌 쇠방망이를 단단히 준비할 것이라고. 친구로 인해 상처받는 것이 어떤 것이고 그 괴로움이 얼마나 힘든 것인지 알기 때문이다.

다양한 친구 관계를 통해 관계를 만들어 가는 방법을 터득하는 것은 중요하다. 모든 일을 주도하는 친구, 자기 중심성이 강한 친구, 배려심이 부족한 친구, 이기적인 친구를 만나서 그 아이를 따르는 것만이 좋은 것이 아니란 것을 깨달아야 한다. 나에게 무례한 친구에겐 어떻게 대응해야 하는지도 고민해야 한다. 100점짜리 해결책이 아니라도 된다. 이번에는 미숙하더라도 다음번에는 아이도 성장하고 있기에 방법도 성숙해진다. 어른이 방법 몇 가지를 예시로 줄 순 있어도 선택은 아이의 몫이다.

 아이의 친구 관계를 위해 어떤 도움을 줄 수 있을까. 학교에서 아이들이 친구에 대한 고민이 있어 찾아오면 먼저 이야기를 들어 준다. 이야기를 들으면서 이해되지 않는 부분들은 더 질문하고 그때의 감정도 물어본다. 이것은 아이가 최대한 고민에 대해 말을 많이 하게 하기 위함이다. 속에 있는 분노, 배신감, 후회 등을 끄집어 내다 보면 아이 스스로 답을 찾는 경우가 있다. 그것이 미숙할지라도 하나의 경험이 된다. 어른이 해결 방법을 제시해 주기가 가장 쉽다. 하지만 그 방법은 아이들에게 와닿지 않는다. 왜냐하면 아이의 속이 풀리지 않은 상태에서는 그 어떤 방법도 효과가 없기 때문이다. 아이가 친구 관계로 인해 속상해한다면 판단은 접어 두고 해결책도 주지 말고 최대한 많이 말하게 도와주자. 마지막에 해결 방법이 아이 입에서 나오지 않아도 된다. 이미 그 일은 해결되어 버렸을 수도 있다.

교실 청소
−청소 시간에 볼 수 있는 것들

"선생님, 청소 시작해요?"

매일 같은 시간에 청소하기 때문에 그 시간쯤 되면 아이들은 내게 먼저 물어본다. 교실 청소는 하교 직전에 시작된다. 수업이 모두 끝나면 알림장을 쓴다. 가정통신문이 있으면 받아 투명 파일에 넣고 가방을 싼다. 주변에 있는 물건 정리가 끝나면 청소를 시작한다. 우리 반은 '미니 빗자루'가 청소의 핵심이다. 새 학기 준비물 리스트에 꼭 등장하는 물건이다. 초임 때도 미니 빗자루를 사 오라고 했었다. 그때는 잘 활용하지 않았고 아이들 사물함에 1년 동안 처박혀 있었다. 경력이 차고 이 미니 빗자루의 활용도를 높였다. 이것은 청소의 의미도 있지만, 아이들의 성실함, 부지런함을 볼 수 있는 중요한 물건이다.

1학년 담임 때 일이다. 청소 시간이 되면 반 전체가 사물함에 있는 미니 빗자루를 가지고 와서 자기 자리 아래부터 쓴 다음 책상 주변을 쓴다. 그다음 교실 앞, 뒤를 쓸어야 한다. 다 쓴 아이들은 검사를 받는다. 쓰레받기에 담긴 쓰레기의 양을 보고 '통과'를 결정한다. 아이들은 '수고했다.'와 '더 쓸자.' 사이에서 희비가 엇갈린다. 검사 안 하고 자율적으로 하면 얼마나 좋을까. 하지만 검사를 하는 이유는 따로 있다. 검사를 하지 않으면 열심히 하지 않고 장난치는 아이가 항상 있다. 매번 열심히 하는 아이들은 딱 정해져 있다. 선생님이 보지 않아도 시키지 않아도 한결같이 열심히 하는 아이들이 학교생활도 잘한다. 학부모 상담을 한다면 이 부분을 담임에게 물어보는 것도 좋다. 아이의 성실함을 알 수 있다.

검사를 하는 이유는 또 있다. 개별로 검사를 받기 때문에 일대일로 아이들과 소통할 수 있다. 평소에 특별한 일이 없으면 아이와 담임이 단둘이 이야기하는 시간이 없을 때도 있다. 이 시간만큼은 반 아이들 모두가 검사를 받으러 오기 때문에 짧게라도 하루를 잘 보냈는지 이야기를 나눌 수 있다. 아침 등교 때는 아이들의 표정과 모습을 보고 상태나 기분을 파악한다면, 하교 때는 지금이 기회이다. 검사받으러 온 아이들 각각의 표정을 살펴서 평소와 좀 다르면 물어본다. 친구와 다툼이 있었는데 아직 해결되지 않았다면 얼굴에 드러난다. 짧게라도 상담을 하면 풀리는 경우도 많다. 가정사를 알 수 있을 때도 있다. "집에 가면 엄마가…." 하며 이야기가 시작된다. 특히 1학년은 검사를 해 보면 두 분류로 나뉜다. 하나는 선생님에게 칭찬받기 위해 정말 열심히 하는 아이들과 검사를 위해 억지로 청소한 경우다. 정말 열심히 하는 아이들은 쓰레받기가 꽉 차도록 쓸고 나서 한 번 더 쓴다. 내가 가끔 "선생님 자리도 부탁해."라는 말이 떨어지기가 무섭게 내 자리로 경쟁하듯이 몰려와 쓸어 준다. 내 책상 주변은 내가 깔끔한 사람이 못 되어서 그런지 매일 청소를 해도 먼지가 쌓인다. 긴 머리를 빗지 않고 출근하기 때문에 내 자리에 주변으로 탈모처럼 머리카락이 쌓인다. 쓸고 있던 아이들은 종종 "선생님 머리카락이 많아요." 하면 좀 부끄럽다. 하지만 미리 주울 생각이나 집에서 머리를 빗고 미리 빠질 머리를 훑고 오진 않는다. '그래도 내가 하루 종일 목이 쉬도록 가르친 보람이 있구나.' 하는 생각도 한다. 이렇게 내 자리 청소를 자진해서 오는 친구들은 정해져 있다. 억지로 청소한 경우는 딱 보면 안다. 쓰레받기 안에 눈에도 잘 안 보이는 먼지를 올려 놓고 검사하러 온다. "선생님, 다 했어요." 하면 나는 진심으로 "어디, 어디?" 하며 눈을 비비며 찾아본다. 이 아이의 표정은 이미 지쳤다. "선생님, 애들이 이미 다 쓸었어요." 하며 억울한 표정이다. 이해는 한다. 먼저 청소한 아이들이 싹 쓸어갔기 때문이다. 하지만 교실의 특징은 참 이상하게도 쓸어도 계속 나온다. "조금만 더 쓸자." 하면 괴로워하며 자리로 돌아간다.

이때 두 분류 중 어디에도 속하지 않는 아이들이 있다. 청소에 재미를 붙여 나만의 방법을 만드는 아이들이다. 성취감과 뿌듯함까지 느껴 청소가 하루 일과 중 제일 재밌다는 아이들도 있다. 교실 구석 손이 안 닿는 곳에 있는 먼지를 쓸어 담는다. 작은 빗자루를 세로로 세워서 틈새를 공략한다. 그 안에 있던 묵은 먼지들이 나온다. 한 곳만 쓸어도 그 양이 제법 많다. 한 명이 이 방법으로 청소 검사에 통과를 받으니 몇몇 아이들도 따라 한다. 희열을 느끼며 나에게 와서 자랑한다. 큰 빗자루로 할 수 없는 먼지들까지 쓸 수 있으니 미니 빗자루의 위력이 대단하다. 억지로 하던 아이들까지 이 희열에 중독되어 문틀에 낀 먼지나 물건 밑에 깔린 먼지까지 섭렵한다. 아마도 24명이 한 번에 청소를 시작하니 쓰레기 쟁탈전을 하다가 뒤로 밀려 구석까지 손이 닿은 것이다. 한번은 복도에 나가 신발장 안에 있는 모래를 다 쓸어 와서 웃은 적이 있었다. 여기서 너무 큰 칭찬을 하게 되면 많은 아이들이 교실 쓰레기보다 신발장 모래를 쓸어 올 것을 알기에 반응은 자제했다.

미니 빗자루를 이용한 교실 청소로 아이들의 많은 면모를 볼 수 있다. 단지, 성실이와 농땡이를 가리는 것이 아니다. 하루 중 대부분의 시간을 보내는 교실에서 하는 마지막 활동이다. 선생님에게는 아이들이 하루를 잘 보냈는지 마지막으로 점검할 수 있는 기회가 된다. 아이들에게는 우리가 만든 쓰레기를 스스로 치우는 것에 대한 책임을 연습해 볼 수 있다. 하루를 열심히 보낸 흔적들을 말끔히 치우며 내일을 준비하는 마음도 느낀다. 하루 중 선생님께 검사를 받아야 하는 마지막 코스인 교실 청소 속에도 이렇게 많은 생각들과 마음이 담겨있다. 자녀에게도 청소 시간에 대해 한 번쯤 물어보자. 청소 시간 동안 어떤 기분과 감정을 느끼는지를. 꼭 성실이가 되라고 하지 않아도 된다. 그 시간에 느끼는 아이의 마음을 엄마와 나눠 본다면 다음 교실 청소 시간에는 또 다른 생각과 행동을 시도해 볼 수 있는 기회가 될 것이다. 사소한 청소 시간, 어쩌면 학교에서 가장 중요한 부분일 수도 있다.

사각지대
– 사건은 화장실에서 시작된다

 3월 한 달, 화장실 사용 지도를 열심히 했다. 화장실에서는 볼일만 보는 곳이라고. 절대 장난치거나 화장실 한 칸에 친구랑 같이 들어가면 안 된다고 말이다. 1학년 첫 주에는 볼일 보는 법도 가르친다. 남자아이와 여자아이를 나누어 가르친다. 화장실에서 기다릴 때 줄을 어떻게 서는지, 옷을 어디까지 내리는지, 변기에 어떻게 앉는지, 휴지를 어떻게 사용하는지 순서대로 알려 준다. 이 정도로 상세히 화장실 사용법을 가르침에도 불구하고 화장실은 다른 용도로 쓰인다. 쉬는 시간 꾹꾹 참았던 에너지를 화장실에서 폭발시키거나 선생님의 눈을 피해 친구와의 은밀한 뒷담화를 주고

받는다. 쉬는 시간이 시작될 때마다 "화장실에서는 장난하면 안 된다!"라고 경고했다. 그래도 마음이 편치 않아 화장실 앞을 지켰다. 모든 아이가 그런 것은 아니다. 장난꾸러기 몇 명 아이들의 시작으로 다른 아이들까지 연루된다. 화장실 귀신이라도 있는 것일까. 화장실만 가면 사건 사고를 치니, 제발 화장실에서 소변, 대변, 손 씻기 외엔 금지다!

"선생님, 민우 때문에 화상 입었어요!"

태일이가 겁에 질린 표정으로 내게 달려왔다. 태일이의 가슴팍이 조금 젖어 있었고 손은 바르르 떨고 있었다. 학교는 안전이 가장 중요한데, 화상이라니! 태일이의 말에 의하면 세면대에서 손을 씻고 있는데 민우가 온수로 바꿔서 나오는 뜨거운 물에 손이 데었다고 했다. 평소에 세면대 온수 온도가 높아 주무관님께 말하려던 참이었다. 태일이는 얼굴이 일그러져 있었다. 태일이의 손을 살펴보니 다행히도 붉은 기가 조금 있을 뿐 괜찮았다. 바로 보건실로 가서 처치를 받게 했다. 민우를 찾으러 화장실로 가려고 하니 교실로 걸어오고 있었다. 민우가 먼저 말했다.

"장난친 거예요."

1학년 개구쟁이 남자아이가 장난을 칠 순 있지만 뜨거운 물로 그랬다면 이야기가 달라진다. 아무리 장난이라도 심했다 싶었다. 평소에 태일이는 몸이 둔하고 겁이 많아 몸이 빠른 남자아이들과 잘 어울리지 못했던 아이였다. 이 일로 태일이 엄마는 내게 민우와 민우 엄마를 직접 만나서 사과받고 싶다고 하셨다. 나와 태일이, 태일이 엄마, 민우, 민우 엄마가 모두 모인 자리에서 민우 엄마는 사과했고, 민우에게 앞으로 그러지 않겠다는 다짐을 받았다.

우리 반 여자아이 하나가 놀란 표정으로 나에게 달려왔다.
"선생님, 화장실에 제 욕이 쓰여 있어요."
듣자마자 화장실로 달려갔다. 고대 시대의 장난을 현대 시대에 하다니, 화장실에 욕 낙서는 몇 년 만에 처음이었다. 칸막이 화장실 벽을 이리저리 살펴보니 연하고 작은 글씨로 '수진이=뚱땡이'라고 적혀 있었다. 평소 수진이는 여자 친구 중에 제일 덩치가 컸고 늘 자신감이 없었다. 낙서가 연필로 적혀 있어 그나마 다행이었다. 범인이 아주 독하지는 않나 보다. 탐정이 되어 자음과 모음의 크기 비율과 글자의 꺾임 정도로 봤을 때 누군지는 알 것 같았다. 사진을 찍어 화면에 띄워 놓고 반 아이들 모두 공책을 펴서 공식적인 대조 작업을 할까 싶었지만 하지 않았다. 생사람을 잡을 수도 있으니 말이다. 수업 시간에 화장실 낙서 금지를 선포하고 이런 행위가 학교 폭력임을 알려 주고 마무리했다.

1학년은 고자질의 대가들이라 내가 사방에 눈이 달리지 않아도 아이들의 사건들을 속속들이 알아낸다. 여학생 한 명이 비명을 지르며 달려왔다. "선생님, 남자애들이 여자 화장실에 들어왔어요!" 여선생님은 여자아이들과 한편이 되어 화장실로 달려갔다. 남자아이들은 화장실 앞에서 나를 발견하고 긴장한 표정이었다. 남자 대 여자, 대치 상황이었다. 1학년 남학생들은 여자아이보다 덩치도 작고 말랐다. 기선 제압된 남자아이들은 내게 하고 싶은 말이 있어 보였다. "무슨 일이지?" 묻자마자 기다렸다는 듯 남자아이들은 발 하나만 넣었다며 억울하다는 표정이었다. "발은 또 왜 넣었니!" '왜'라는 말은 아이들에게 쓰지 말라고 했는데 나도 모르게 나왔다. '아예 화장실에서 장난 자체를 치지 마!' 내 속의 고함은 속을 더 답답하게 했다.

수빈이는 우리 반에서 가장 조용하고 차분한 여학생이다. 어느 날 저녁, 수빈이 엄마에게서 전화가 왔다.

"선생님, 수빈이 앞머리가 잘려 왔어요. 은희랑 같이 있었다는데 은희가 그런 거 아닐까요?"

수빈이 엄마의 목소리는 떨렸다. 아이들이 모두 하교한 상태라 사태 파악을 할 수 없었다. 다음 날 수빈이에게 물어보았다.

"수빈아, 선생님만 알고 있을게. 왜 머리카락이 잘려 있니?"

"선생님만 알고 계세요. 어제 화장실에서 제가 잘랐어요. 그냥 자르고 싶어서요."

"그럼, 은희는?"

"은희는 제가 같이 있어 달라고 한 거예요."

수빈이의 은밀한 앞머리 자르기 계획은 조용히 화장실에서 이루어졌다. 잘린 머리카락에 관한 이야기는 〈4장 학부모 이야기〉에서 자세히 다룬다.

화장실에서 괴성이 들렸다. 역시 화장실에 귀신이 붙은 것이다. 가슴을 쓸어내리며 달려갔다. 우리 반 아이들은 싸움 구경하는 사람들처럼 화장실 앞에 모여 있었다.

"선생님, 화장실 문이 잠겼어요."

남자 화장실 안에 있는 칸막이 화장실 문이 열리지 않았다. 아이들은 이유를 비현실적 괴담에서 찾았다. 머리를 바닥으로 숙여 봐도 사람 발은 보이지 않았다. 문 틈새로 봐도 안 보였다. 겁이 덜컥 났다. 정말 귀신인가. 아이들은 수군댔다. 여자아이들은 무섭다며 서로를 끌어안았다. 아이들을 진정시키고 주무관님을 불러 문을 열었다. 나중에 보니 틈새로 얇은 막대기를 넣어 톡 건들면 잠긴다는 걸 알고 있던 아이가 장난친 것이다. 역시, 화장실에 장난 귀신이 붙은 것이 분명했다.

  화장실은 교사나 CCTV가 감시할 수 없다. 남자 화장실을 여자 선생님이 기웃거리는 것도 이상하고 남자 선생님이 여자 화장실을 확인하고 다니면 뉴스에 날 일이다. 쉬는 시간에 선생님이 돌아가면서까지 화장실을 지키는 학교는 보지 못했다. 결국, 아이들 스스로가 지켜야 한다. 장난이 치고 싶어도 자제해야 하고 뒷담화가 하고 싶어도 참아야 한다. 친구가 칸막이 화장실에 같이 들어가자 해도 절대 안 된다. 정말로 화장실에서는 소변, 대변, 손 씻기 이외에는 금지라는 것을 내 아이에게 알려 주자!

3장

지금도 우리는 성장 중

뚱뚱해도
괜찮아

 은진이는 1학년 담임일 때 만난 아이다. 은진이 엄마와의 첫 대화는 은진이 옷 사이즈에 관한 이야기였다. 반 단체 티를 맞추는데, 아이들 치수가 필요했다. 은진이는 우리 반에서 덩치가 가장 컸다. 1학년 보통 여자아이는 S 사이즈면 충분한데 은진이 엄마는 XL과 XXL 중 결정하지 못해 전화가 왔다. 나는 당황하지 않고 은진이 엄마가 말한 사이즈보다 작은 L 사이즈를 추천했다. 요즘 민원으로 문제가 되는 학교에서 엄마가 선택한 XL와 XXL 중에 골라야 크기가 맞지 않아도 내 귀책 사유는 없을 텐데 더 작은 L 사이즈를 추천했다. 옷 크기로 예민한 엄마인데 박스티로 입는 티셔츠임에도 작은 크기를 추천했던 이유는 은진이를 위함이었다.

  은진이는 덩치가 남자아이들보다 큰 것이 콤플렉스였다. 눈치 없는 남자아이들은 은진이에게 장난이 아닌 진심으로 뱉지 말아야 할 말들을 하곤 했다.
"선생님, 그냥 지나갔는데 은진이에게 부딪혀서 넘어졌어요."
  책상 사이를 둘이 동시에 지나가다가 은진이에게 밀려 책상에 부딪혔다고 했다.
"야, 네가 주먹으로 때리면 박살 나겠다."
  우리 반에서 키 작고 마른 남자아이는 은진이에게 직접 이런 말을 했다. 은진이가 입학하고 겪은 가장 큰 시련이었다. 해당 남자아이들을 조용히 불러 타일렀다.
"선생님, 진짜예요. 은진이 때문에 넘어졌어요. 진짜 무서워요."
"선생님, 은진이가 주먹이 크다고 먼저 자랑했어요."
  속이 터졌다. 어쩜 저렇게도 눈치가 없을까. 신체, 외모에 대한 평가적인 말은 해서는 안 된다는 것을 알려 주고 주의를 주었다.

  은진이는 쉬는 시간, 나에게 다가오더니 귀에다 대고 조용히 화장실에 가도 되냐고 허락을 받았다. 쉬는 시간에 화장실 허락을 받는 아이는 처음이었다. 그 이후로 몇 번 더 물었다. 쉬는 시간에는 허락받지 않고 가도 되는 거라고 매번 말해 주었다. 하루는 조용히 다가와서 내 귀에다 대고 이야기했다.

"선생님, 똥 마려워요."

"그래, 물티슈도 가지고 가서 볼일 보고 오렴."

속으로 이제 그만 물어볼 때도 됐는데 하는 생각을 했지만, 선생님으로서 아이의 감정을 상하게 해서는 안 된다. 학기 초 덩치가 크다는 이유로 상처받은 일이 있었기에 100번을 더 물어도 은진이만큼은 한결같이 받아 줘야지, 하는 마음이었다. 그러나 이번에는 단순한 보고가 아니었다.

"똥을 못 닦아요."

귀에다 대고 말했는데도 무슨 말인지 모를 정도의 작은 소리였다. 듣자마자 은진이의 똥을 어떻게 닦을지 고민했다. 아무렇지 않은 듯, 제자들의 똥을 밥 먹듯이 닦아 본 베테랑처럼 말했다.

"아, 그렇구나. 같이 가자. 선생님이 닦아 줄게."

은진이가 들어간 화장실 칸 문밖에서 물티슈를 들고 기다리는 나는 굉장히 좋은 선생님이 된 것 같았다. 은진이가 부끄러워하지 않도록 최대한 신속하게 닦아 주고 나왔다. 10

년 이상의 경력 동안 학교에서 똥 묻은 속옷을 지퍼백에 넣은 적은 있어도 똥을 닦아 본 일은 처음이다. 은진이에게 든든한 지원군이 있음을 행동으로 보여 주었다.

  은진이는 덩치가 큰 여자아이란 것 말고는 딱히 특별한 점이 없었다. 특별하다는 것은 다른 친구들에게 없는 특기가 있다거나, 공부를 아주 잘한다거나, 인기가 많은 경우다. 은진이는 말수가 적고 소극적이었다. 학기 초에 덩치 때문에 상처를 받았고 어떤 일이든 자주 허락을 구하는 은진이가 마음에 걸렸다. 5월부터 우리 반은 중간 놀이 시간에 줄넘기를 가지고 나가서 개별 연습을 했다. 교실 책상에 40분간 앉아 있어야 하는 1학년에게 줄넘기 시간은 속에 쌓여 있던 활발한 에너지의 본능을 분출할 시간이다. 2교시 끝나고 20분간의 쉬는 시간 종이 울리는 순간 사물함에서 줄넘기를 꺼내 들고 달려 나간다. 운동 신경이 부족한 아이들은 한 발씩, 말 그대로 줄을 넘는 수준이고 몸이 빠른 아이들은 연달아 50개도 뛴다. 그중 눈에 띄는 학생이 있었다. 특별히 가르쳐 주지 않았는데도 자세가 일품이었다. 이 상태로 영상을 찍어 '줄넘기의 기본 자세'라는 주제로 아이들에게 보여 줘도 될 정도였다. 처음 줄넘기를 하면 대부분 팔이 옆으로 벌어지고 발바닥 전체로 무겁게 뛴다. 이 아이는 팔을 옆

구리에 붙인 상태에서 손목만 가볍게 돌리고 있었다. 솜털처럼 가볍게 최소한의 높이로 뛰고 있었다. 지금까지 내가 만난 모든 학년을 통틀어서 가장 자세가 좋았다. 바로 은진이었다. 은진이에게서 특기를 발견하고 환호성을 질렀다. 지금까지 낮았던 은진이의 자존감을 끌어올릴 만한 능력을 발견했기 때문이었다.

"은진아, 지금까지 본 학생 중에 네가 최고로 자세가 좋다! 앞으로 줄넘기 수업할 때는 네가 모델이야."

이날부터 은진이는 줄넘기 시간만 되면 줄넘기 선생님이 되어 친구들을 가르치고 줄넘기하기 무거운 내 몸을 대신해 주었다. 평소에도 종종 줄넘기를 주제로 칭찬을 아끼지 않았다. 은진이가 조금씩 웃기 시작했다.

은진이는 우리 반에서 인기가 가장 좋은 아인이와 친하다. 조용하고 소극적인 은진이에게 친한 친구가 생긴 것이 다행이었다. 아인이는 작고 말랐다. 은진이와 아인이가 자주 놀면서 점점 둘의 놀이 패턴이 만들어졌다. 아인이는 늘 아기나 공주 역할이고 은진이는 엄마나 공주의 말이 되었다. 놀이가 시작되면 은진이는 아인이를 업고 다녔다. 은진이는 재미있어하는 표정이었다. 얼굴이 벌게지면서 힘자랑하는 것 같기도 했다. 아무렇지 않은 듯 멀리서 큰 소리로 말했다.

"은진아, 그렇게 하면 허리 다칠 수 있어."

이후로 둘은 이 놀이를 중단하였다. 이 놀이를 하는 은진이가 약자라서 말 역할을 했다고 생각하지 않는다. 은진이는 친구 사귀는 방법을 고민했고 그중 친구가 좋아하는 놀이를 함께했을 뿐이다. 소심해 보였던 은진이가 친구를 사귀기 위한 노력을 한 것이었다. 큰 덩치로 소심해져 있는 은진이가 자신을 표현하고 있었다.

아이들과 단체 하교 인사 후, 교실 뒷문으로 가서 한 명씩 나갈 때 한 번 더 인사했다. 하이 파이브를 힘차게 하는 아이도 있고 일대일 인사가 부끄러운 아이들도 있다. 대부분은 하굣길이라 신나 있었다. 하지만 은진이는 항상 기분이 좋지 않았다. 은진이에게 기분이 안 좋은 이유를 물어보아도 대답하지 않고 고개만 끄덕하고 나가 버렸다. 은진이의 안 좋은 표정이 마음에 걸려 은진이 엄마에게 전화했다.

"어머님, 은진이가 집에 갈 때 표정이 안 좋아서요. 물어보면 특별한 일도 없었고요. 왜 그런지 아세요?"

"모르겠는데요. 집에 와서 별말 안 하던데요."

다음 날부터 나는 은진이의 기분 좋지 않은 인사를 무덤덤하게 받아들였다. 몇 달 후 줄넘기로 인정을 받고 내가 똥을 닦아 준 후쯤에 은진이에게서 그 이유를 들을 수 있었다.
"학교에 더 있고 싶어서요."

 은진이의 단체 티는 내가 추천한 L 사이즈로 결정했고 단체 티를 입기로 한 전날 문자 하나가 달랑 왔다. '아이들 티셔츠, 입혀는 보셨나요?' 인사도 없는 이 문자에 얼굴이 달아오를 정도로 당황했다. 머리에 오만가지 생각이 들었다. 입혀 봤어도 바꾸기 어려운 단체 티고 다짜고짜 '입혀는 봤냐.'라는 말이 담임으로서 중요한 역할을 하지 않았다는 질책으로 느껴졌다. 문자에 구구절절 설명하고 싶지 않아서 바로 전화했다.
"어머님, 입혀 보지는 못했습니다. 내일 도착하면 바로 입을 예정이라서요."
 그 문자에 당황했지만, 은진이 엄마가 왜 그렇게 문자를 보냈는지 시간이 조금 지나니 이해되었다. 은진이 엄마는 학부모 상담할 때도 무뚝뚝하고 말수도 적었다. 딸을 걱정하는 마음에 내게 용기를 낸 것이다. 다음 날 은진이의 L 사이즈 티셔츠는 잘 맞았다. 화장실에서 갈아입고 교실로 들어오는 은진이 표정을 잊을 수 없다. 안도감, 편안한 미소, 만족감이 느껴졌다.

내가 굳이 L 사이즈를 추천한 이유는 은진이가 상처받지 않게 하기 위해서다. 아이들 옷 크기는 어떻게든 공개될 수 있는 내용이다. 티셔츠를 나누어 줄 때나 개수를 맞춰 볼 수도 있다. 우리 반에서는 L 사이즈가 가장 큰 크기였고, 남자아이 두 명이 더 있었다. 이 두 명과 키, 체격 등 다각도로 비교했을 때 은진이도 잘 맞을 거란 예상을 했다. 갑자기 XL 사이즈면 또 남자아이들이 은진이 티셔츠가 제일 크다며 생각 없이 말할 수도 있었다. 은진이가 더 이상 덩치 큰 여자아이로 주목되어서는 안 된다고 생각했다. 작은 아이들이 좀 많은 거지, 그리 크지도 않은데 말이다. L 사이즈를 추천한 나를 스스로 대견해하며 굳이 걸지 않아도 되는 도박을 했다.

학기 말쯤 은진이는 뚱뚱하고 덩치 큰 여자아이가 아닌 줄넘기를 잘하고 친구들에게 인기가 많은 1학년이 되었다. 은진이의 1학년은 시련도 있었지만 어른인 나에게 용기 있게 손을 내밀었고 생각 없이 말하는 남자아이에게 복수하지 않았으며 좋은 친구가 되기 위해 노력했다. 또 시련이 닥쳐와도 은진이는 한 번 더 용기를 낼 것이다.

나의 작은
보디가드

"선생님, 6학년 잘 부탁합니다. 좀 아이들이 활발해서 일부러 차분하고 경력 있는 선생님께 맡기려고요."

교장 선생님이 환하게 웃으며 말했다. 활발하다는 말은 '좀 힘든 반이다.'라는 직업적 반어법이며 대외적으로는 아주 좋게 표현한 말임을 바로 알았다. 더 구체적으로 학폭 발생 확률 100%, 학력 격차가 크며, 관심이 필요한 학생이 많고, 학부모와의 소통도 쉽지 않은 상황이다.'라는 뜻이다. '죄송합니다만, 저는 경력이 10년이 넘었지만, 아직도 신규 같아요.'라는 말이 목구멍 위로 0.1mm 올라왔지만 아주 힘 있게 눌러 냈다. 나는 인정욕구가 강하다. 아무리 어려운 일을 맡겨도 '저만 믿으세요!'라는 메시지를 전달하기 위해 두 눈을 반짝반짝 뜨고 입술에 힘을 주어 의지를 표현한다. 인정욕구는 다른 사람이 충족시켜 줄 수도 있지만 스스로 채우는 것이 더 강력하다. 누구에게나 예쁜 돌보다는 울퉁불퉁하고 모가 나 있으며 상처가 있는 돌에 마음이 간다. 못난 돌도 파도와 바람만 있다면 스스로 부딪히고 닦여 동글동글 예쁜 돌이 될 수 있다. 그 가능성을 찾는 일이 교사의 역할이라 생각한다. 내 인정욕구를 가장 강하게 충족시켜 주었던 못난 돌 하나가 6학년 교실에 있었다.

새 학년 새 학기 첫날의 소나기가 지나가고 맑게 갠 오후, 교사 연구실에서 담임들이 모여 짧게 회포를 풀었다. 나를 보자마자 선생님들은 "범진이 어때요?"라고 물어보았다. '범진이가 못난 돌이구나!' 하는 생각과 함께 "왜요? 어떤데요?"라고 물어보았다. 선생님들은 범진이의 전설적인 이야기를 시리즈별로 풀어 주었다. 학교 이동 후 맡은 첫 반이었기 때문에 누가 어떤지 백지였던 시기였다. 교장 선생님이 나에게 부탁한 그 활발한 반은 범진이를 두고 하는 말이었다. 우리 못난 돌은 딱 하루 참고 새 학년 두 번째 날부터 '활발한 반'의 주인공이 되었다. 내 수업에서는 수업 종이 울리기 전에 수업에 쓸 교과서와 배움 노트, 연필과 지우개는 필수다. 웬만하면 선생님을 처음 만난 날이면 공부가 안드로메다로 간 아이라도 따른다. 그다음은 자세를 중요시한다. 목과 허리를 얼마나 세웠느냐가 중요하다. 허리가 굽어 있는 각도는 수업 시간 집중도와 참여율에 비례한다. 수업 첫 시간, 아이들이 수업에 임하는 자세를 확인하는 순간이다. 이때 흐물흐물 미끄덩 납작하고 기다란 미역 하나가 보였다. 교실에 미역이라니, 난생처음 보는 광경이다. 수심 낮은 바닷가 돌에 붙어 흐느적거리는 미역이 왜 교실에 있는 건지. 겨우 세운 미역은 바닥으로 스르르 흘러 내려갔다. 그리고 바닥에 누웠다. 나의 못난 돌 범진이었다. 이 순간이 중요하다. 아이들은 범진이를 보지 않고 오히려 나를 뚫어지게 쳐다보았다. 이제 아이들이 선생님을 시험할 시간이다. '나도 첫 시간부터 관찰했으니, 너희에겐 이 순간이 선생님을 파악할 중요한 시간이겠구나.' 아이들이 나를 얼마나 믿고 따를 것인가. 1년을 엉뚱한 곳에 에너지를 쓰지 않고 아이들과 함께 찬란한 6학년의 꽃길을 걸어갈 수 있느냐가 달려 있었다. 나만의 비기를 내보일 때가 되었다.

아이들은 '선생님이 어떻게 하는지 보고 앞으로의 우리 행동을 결정할게요.'라는 뜻의 눈빛을 보냈다. 내가 행동을 개시하기 전 그 짧은 순간은 학교 밖 저 멀리 달리고 있는 자동차의 경적만 들릴 뿐이다. 교실 바닥에 누워 반쯤 눈을 감고 있던 범진이에게 다가가 말없이 뒤에서 일으켜 의자에 앉혔다. 내가 겨드랑이 쪽에 손을 넣으며 일으키니 내 손을 피하듯 일어났다. 교과서를 펴 주고 필통을 찾아 연필과 지우개를 꺼내 가지런히 올려 주었다. 말없이 하는 이 간단한 행동이 바로 내 비기다. 이렇게 수업은 시작되었다. 범진이의 허리는 반쯤 굽어 있었지만, 자리는 지켜 주었다. 이후 2주간은 매일 같은 행동을 반복했고 나는 똑같이 일으켜 세워 주고 책을 펴 주었다. 어느 날부터 범진이는 바닥으로 눕는 행동을 중단했다. 범진이를 불렀다. 범진이는 싫지 않은 듯 내 책상 옆으로 왔다. 미소를 지으며 범진이의 손을 잡고 말했다.

"범진아, 고마워."

나는 왜 미역이 되었었냐고 묻지도 않고 앞으로 잘하라는 말도 하지 않았다.

"네."

범진이의 짧은 대답에서 미안함이 느껴졌다.

범진이는 조금만 다듬어 주면 예쁜 돌이 될 수 있는 아이가 아니었다. 범진이는 이 외에도 기막힌 행동들을 했다. 수업 중에 일어나 갑자기 춤을 춘다거나 발표하겠다고 손을 들어 시키면 엉뚱한 소리나 듣기 민망한 말들을 내뱉었다.

수업이 중단되는 것은 다반사였다. 범진이에 대한 지적은 숨기고 더 질문하여 주제로 돌아오게 만들거나 웃고 넘겼다. 쉬는 시간이 되면 자주 여자아이들의 비명이 들렸다. 한번은 교실에서 페트병에 있는 물을 친구들 보란 듯이 자기 머리에 쏟아부었다. 바닥에 흥건한 물과 젖은 범진이의 옷은 아이들을 단번에 주목시키고 반응을 일으키기에 효과 만점이었다. 1학기 학급 회장 선거에 범진이가 손을 번쩍 들었다. 연설문도 만들어 왔단다. '그래, 이번 기회에 회장이 되어 선생님 옆에 붙어서 칭찬받으며 새로운 범진이로 탄생하거라.' 소견 발표 시간, 범진이는 당당한 걸음으로 나와 자세를 잡았다. 이때까지는 완벽했다. 범진이는 일명 '저질 댄스'를 추기 시작했고 아이들은 비명을 질렀다. 또 한마디 거들었다. "제가 회장이 된다면, 흥분될 것 같아요. 저를 뽑아 주세요!"라는 말로 마무리 인사까지 야무지게 하고 들어갔다. 나는 '흥분'이라는 단어가 다른 아이에게서 나왔다면 신난다는 의미였겠지만 범진이가 그런 소리를 하니 이상하게 들렸다. 회장은 당연히 떨어졌고 새 사람으로 태어날 기회는 사라졌다.

수업 방해, 엉뚱한 소리, 춤추기 등의 행동은 멈추지 않았다. 교과 전담 시간이 끝나기 무섭게 전화가 온다. "선생님,

범진이 때문에 수업하기 너무 힘들어요." 전담 선생님은 거의 울기 직전이었다. 그나마 담임인 나에게는 자제하는 모습이다. 하지만 교과 전담 시간에는 정말 막무가내로 행동하는 것 같았다. 범진이 엄마와는 처음에는 거의 매일, 일주일에 두세 번은 기본으로 통화를 하였다. 엄마는 아빠와 사이가 안 좋고 일로 바빠서 범진이를 돌보지 못했다고 했다. 범진이는 가정에서 방치된 상태였고 사랑과 훈육도 전혀 받지 못했다. 범진이 엄마는 매번 나에게 죄송함을 표현했고 나는 학업을 포기하지 않게 집에서 할 수 있는 공부를 추천해 주었다.

범진이의 모든 문제 행동의 이유는 관심이었다. 범진이를 좋아하는 사람은 아무도 없다. 하지만 범진이는 친구들과도 놀고 싶어 했다. 범진이 나름의 방법으로 친구들에게 다가갔지만, 그 방법이 거칠고 이미 문제아라는 낙인이 있어 아이들은 함께 놀지 않았다. 범진이에게 하나하나 알려 주고 설명해 주는 것은 무의미하다고 생각했다. 지금까지 만난 범진이 담임 선생님들의 노력이 허탕이 되었으니 말이다. 이런 범진이를 내 옆에 끼고 있었다. 다행히 내가 자기 이름을 큰 소리로 부르면 하고 있던 진상 행동은 바로 멈추고 나에게 달려왔다. "범진아, 이거 4반 선생님께 드리고 올래?"

상사의 지시를 받은 군인이 따로 없었다.

집에서 범진이는 뭐 하고 시간을 보내는지 엄마에게 물어보았다.

"요즘은 매일 방에서 노래를 부르고 춤추는 것 같아요."

다음 날 범진이에게 능구렁이가 되어 말했다.

"지금까지 노래와 춤을 좋아한다고 왜 말을 하지 않았어! 너에게 그런 재주가 있었다니! 노래를 그렇게 잘 부른다며?"

"아니요. 저는 랩을 해요."

공감력 100퍼센트 표현력 200퍼센트 느낌으로 반응했다. 범진이는 우물쭈물 더 하고 싶은 말이 있는 듯했다.

"어떤 랩을 하는데?"

내 큰 눈을 더 동그랗게 떴다.

"저는 제가 직접 만들어서 해요."

"와! 정말이야? 대단하다. 내일 선생님에게 보여 줄 수 있니?"

범진이는 심부름시킬 때만 나오는 목소리보다 더 힘 있게 대답하고 들어갔다. 다음 날 범진이는 핸드폰 앱으로 만든 반주에 가사를 직접 만든 랩을 들려주었다. 세계적인 래퍼를 학교에서 만난 것처럼 환호성을 질렀다. 사실 별로였다. 하지만 스스로 만들어서 한다는 생각은 정말 기특했다. 잠시 생각했다. 나중에 범진이가 커서 유명한 래퍼가 되어 나를 찾아올 수도 있겠다. 그러면 범진이에게서 '선생님이 저의 랩을 인정해 준 그날부터 제 인생은 바뀌었어요.'라는 말을 들을 수도. 종종 범진이의 랩 연습에 관심을 가졌고 친구들 앞에서도 랩 실력을 뽐낼 수 있게 해 주었다. 범진이는 달라졌다.

 범진이는 친구들과는 잘 지내지 못했지만 내가 하지 말라는 행동은 절대 하지 않았다. 친구들과 잘 지내는 방법을 가르치기에는 벌써 6학년이고 이미 굳어 버린 범진이의 이미지를 씻기에는 시간이 없었다. 임시방편으로 불편해하는 친구들에게서 범진이를 떼어 놓아야 했다. 그때부터 범진이는 내 옆에 꼭 붙어 심부름 로봇처럼 대기했다. 심부름을 만들어 시킬 정도였다. 범진이를 혼내거나 꾸중하지 않았고 오히려 인정하고 칭찬해 주었다. 아이를 꾸짖거나 혼내기보다는 공감하고 인정해 주고 믿어 주라는 것은 누구나 아는 방법이다. 그러나 문제 행동만 일으키는 아이에게 그렇게 대하기는 쉽지 않다. 하지만 나는 그 방법을 무지 잘 쓴다. 이후 범진이는 나쁜 행동을 중단했고, 실수를 하더라도 나에게 그 마음을 솔직히 털어내 주었다.

늦은 나이에 임신했고 8주가 되었을 때 일이다. 수업 중에 배가 아팠고 아래가 뜨거워졌다. 화장실에 가 보니 하혈 중이었다. 아이를 잃을까 봐 불안했고 눈물만 났다. 잠시 뒤 우리 반을 대신 맡아 줄 교감 선생님이 오시고 나는 바로 가방만 챙겼다. 범진이는 눈물범벅이 된 얼굴로 정신없이 가방을 챙기는 나에게 무슨 일 있냐며 물었다. 범진이에게 "선생님 급히 병원 가야 해. 범진아, 우리 반 잘 부탁해."라는 찐 믿음의 메시지를 전했다. 혹시나 뱃속의 작은 아기집이 내려올까 봐 최대한 신속하면서도 조심스럽게 주차장으로 달려갔다. 범진이는 내 가방을 들어 주겠다고 하며 차를 향해 달려가는 나를 뒤따라왔다. 백미러를 통해 내가 학교 밖으로 벗어날 때까지 멍하니 쳐다보는 범진이가 보였다. 병원에서 유산기가 있다는 말을 듣고 병가와 산전 휴직에 들어갔고 그날 이후 아이들을 만날 수 없었다. 아쉬웠다. 예쁜 돌을 만들 수 있었는데, 나의 작은 보디가드와 한 해를 보내고 싶었는데. 모난 돌이 아예 깨질까 봐 조심스럽게 천천히 다가가는 동안 다른 친구들은 짧지만 강력한 매 순간들을 지켜보고 참아야 했다. 학부모 민원이 많은 반이었다면 '반에 누가 수업을 방해한다는데 애들 관리 좀 잘하세요.'라고 한 소리 들었을 것이다. 그럼 나는 고객님의 만족도 100퍼센트를 이루는 교사라 예쁜 돌을 넘어 날카로운 칼로 봉황을 만들기 위해 범진이의 행동을 지적하고 당장 멈추라며 목에 핏대를 세우며 이야기했을 것이다. 부모님을 불러 행동에 문제가 많으니, 병원이나 상담의 도움을 받으시라고 적극 권유했을 것이다. 이렇게 했었다면 분명 범진이는 중학생이 되어도 똑같은 행동을 반복했을 수도 있다. 범진이의 치료약은 관심이었으니까.

 범진이와의 일은 나를 더 성장시켰다. 어떤 아이라도 품에 안을 자신감이 생겼고, 아이들의 바람과 파도가 되어 주고 싶은 간절한 마음이 더 깊어졌다. 사실 두렵기도 하다. 이 간절한 마음을 허락해 주는 세상은 사라지고 있다. 아이를 위한 진심 어린 조언과 함께 변화시켜 보자고 손을 내밀 때 '선생님은 우리 아이의 인생을 바꾸실 분이에요. 적극적으로 따를게요.'라는 말로 이 순수한 교사를 오롯이 믿고 노력할 학부모가 과연 있을까. 오히려 우리 아이를 예쁘게 봐주지 않는다며, 우리 아이만 미워한다며, 불만을 드러낼 것 같다. 내 성격상, 그냥 적당히 좋은 말로 포장해서 한 해 무난히만 넘기진 않을 것인데, 그러면 나는 힘을 잃고 교실 바닥에 쓰러지고도 남을 위인인데, 앞으로 만날 범진이들에게 내가 파도와 바람이 되어 줄 수 있기를 소망해 본다.

괴물 금지

'다다다다다'

8시 20분만 되면 복도에서 우렁차게 들리는 소리다. 이 소리는 학년 끝날 때까지 들렸던 아이들의 등교 소리다. 우리 학교는 전교생의 반 이상이 스쿨버스로 등교한다. 스쿨버스가 도착하자마자 선생님들이 안 보이는 사각지대에서부터 우리 교실까지 10m 정도 돼 보이는 짧은 거리를 우리 반 남자아이들은 매일 달리기 시합을 한다. 저학년이라 그렇다. 선생님의 본분을 충실히 하기 위해 먹히지 않을 잔소리지만 매일 한다. "걸어 다니자!" 말이 끝나기 무섭게 발그레한 두 볼을 한껏 치켜들며 환한 미소로 아침 인사를 한다.

아이들이 밝게 등교해서 다행이다. 그다음 도착한 아이들은 여학생들이다. "쟤들은 왜 맨날 뛰어와요?" 하면서 자기들은 뛰지 않고 얌전히 걸어왔으며 규칙을 잘 지켰으니 '칭찬해 주세요.'라는 의미의 질문을 한다. "그러니 말이다. 우리 여자 친구들은 역시 규칙을 잘 지켜!" 하며 칭찬한다. 아직 도착하지 않은 마지막 한 명이 더 있다. 작은 몸으로 세상의 중력을 혼자 받는 듯한 무거운 발걸음으로 가방에 든 것도 없으면서 어깨는 축 늘어져 있는 아이가 걸어온다. 시커먼 후드 재킷에 달린 모자를 눌러쓰고 온다. 교실 문을 스르르 열고 내 앞으로 와서 인사한다. 눈은 반쯤 감겨 있다. 인사도 받기 전에 물어본다.

"우민아, 어제 몇 시에 잤어?"

"새벽 3시요."

우민이의 모자를 벗기고 두 손바닥으로 볼을 흔든다. "일찍 자라 했지!" 애정 반, 걱정 반으로 잠을 깨운다.

초등학생이 수업 시간에 조는 모습은 처음이었다. 1학년은 초롱초롱, 반짝반짝, 통통 튀는 이미지로 말썽, 장난의 토핑을 얹어 달콤하지만, 시큼한 요거트 맛이다. 우민이는 그 맵다는 중학생 형 같았다. 3월 한 달은 그래도 잘 앉아 있었다. 3월 입학 적응 기간이 끝나갈 무렵부터 우민이는 1교시부터 스멀스멀 허리가 굽더니 노호혼을 연상케 하는 신나는 수면 모드로 전환했다. 우민이를 맨 앞, 내 책상 가장 가까운 곳으로 자리를 옮겼다. 나의 강한 존재감으로 우민이의 몽롱함을 날려 버리려는 시도였지만 별 효과가 없었다. 이렇게 하루를 피곤하게 시작하는 우민이는 학교생활에 의욕이 없었다. 쉬는 시간이 시작되면 눈이 반짝반짝해지고 참았던 에너지를 폭발시키는 남자아이들과는 달리 무기력했다. 우민이를 자주 불러 가정환경, 취향, 취미, 가족 관계, 방과 후에 하는 일들, 자기 전에 하는 것들에 대한 정보를 캐물었다. 우민이는 선생님이 말씀하시니 처음에는 단답형으로라도 말해 주었다. 질문 수가 점점 늘어날수록 우민이는 입으로는 대답하지만, 눈꼬리는 점점 바닥을 향해 내려가고 있었다. 금방이라도 울 것 같았다. 우민이 부모님은 저녁까지 일을 하신다고 한다. 저녁 시간에는 엄마의 돌봄을 전혀 받지 못하는 것 같았다. 또 우민이는 어릴 때 병이 발견되었고 지금도 추적 관찰 중이었다. 우민이 엄마는 아이가 안쓰러워 떼쓰면 다 들어주고 기본적인 생활 습관도 잡아 주지 못한 것 같았다. 새벽이 되도록 핸드폰 게임을 해도 엄마의 잔소리는 아무런 힘을 발휘하지 못하고 있었다. 그래도 머리는 굴러가는 듯한데 수학 계산 속도가 너무 느렸다. 친구들이 암산하는 시기에도 손가락을 사용하고 있었다. 그조차도 힘들어했다.

우민이는 다행히도 그리기 시간을 좋아했다. 그리는 시간 동안은 혼자 뭘 그렇게 그리는지 고개도 안 들고 집중한다. 하지만 어떤 주제에 대한 그림 그리기라도 항상 게임 캐릭터를 그린다. 참 창의적인 아이다. 게임 캐릭터를 가지고 모든 주제를 구현해 낸다. 동그라미, 세모, 네모를 이용해 자유 주제로 그림 그리기 시간이었다. 동그라미 두 개로 바퀴를 완성하고 세모로 손잡이를 그려 오토바이를 완성하였다. 그 위에 게임 괴물 캐릭터 다섯 마리가 함께 타고 있었는데 모두 다른 포즈로 섬세하게 그렸다. 수업 시간에 괴물 캐릭터를 그리게 허용한다면 우리 반 작품은 몬스터 협회가 주관하는 작품 전시장이 될 것이다. 어느 날은 시작 전부터 "괴물 캐릭터는 안 된다."라고 강력하게 말했다. 주제는 '기억에 남는 학교생활'이다. 우민이도 열심히 그렸다. '그래, 우민아, 너의 그리기 실력을 펼쳐 봐.' 마음으로 응원하며 머리를 쓰다듬어 주려고 우민이에게 다가갔다. 나는 단전에서 올라오는 기괴한 목소리로 탄성을 질렀다. "와우!" 코가 막히고 귀가 막혔다. 괴물이 미끄럼틀을 타고 줄지어 내려오고 있었고 계단에도 빼곡히 서서 기다리는 장면이었다.

"우민아, 괴물 캐릭터는 안 된다고 했잖아."

"선생님, 이거 괴물 아니에요. 괴물 탈을 쓴 친구들이에요."

자세히 보니 얼굴 주변에 얇은 테두리가 하나 더 있었다.

진짜 탈을 쓴 사람이었다. 어떻게 이런 생각을. 지금까지 내가 만나 본 아이들은 두 분류로 나뉜다. 한쪽은 선생님 입에서 떨어진 말이 어린이 세상에서는 법으로 작용하여 바로 행동으로 옮기는 부류다. 비록 모두가 모범생은 아니나, 할 것은 한다. 또 한쪽은 선생님 말씀을 똥으로 여기지는 않지만, 양쪽 귀가 연결이 되어 있어 반대쪽으로 흘려보내는 부류다. 이런 아이들은 반대쪽 귀를 막아 주면서 듣게 해야 한다. 우민이는 이쪽도 저쪽도 아니다. 선생님의 말씀은 거역하지 않으면서 자신의 의지는 굽히지 않는다. 머리가 좋다고 해야 할까.

우민이와 수업 시간에 괴물을 그리지 않기로 약속했다. 집에서 그린 것을 선생님에게 보여 주는 것은 좋다고 했다. 다음 날부터 우민이는 괴물 캐릭터 그린 것을 가지고 왔다. 나는 3초 안에 눈물을 흘릴 수 있어야 하며 웃기지도 않는 상황에서 박장대소해야 하는 연기자가 되어야 한다. 칭찬할 때는 '우와. 잘했네.'라는 성의 없는 칭찬은 좋지 않다고 했다. '잘했다. 멋지다. 훌륭하다.'라고 꼭 하지 않아도 된다. 꽃을 그렸다면 "보라색으로 칠했구나."라고 말하며 관심을 표현하는 것만으로도 칭찬의 효과가 있다고 책에서 읽었다. 그래서 우민이에게 활짝 웃으면 말했다.

"우와! 파란 괴물이구나. 우와! 우와!"

더 이상 뭘 말해야 할지 몰랐다. 잘했다거나 멋지다거나 그런 말은 안 해 주고 싶었다. 괴물이라서. 그다음에 그려 온 캐릭터도 괴물이었기에 더 이상의 큰 반응은 하지 않았다. 하지만 우민이의 꿈을 계속 응원해 주고 싶었다. 〈토이 스토리〉의 제작자 애드 캣멀의 어린 시절을 이야기해 주며 애니메이션 제작자라는 직업을 소개해 주니 눈이 반짝였다.

대부분 아이는 1학년 시기를 잘 보낸다. 의욕도 충만하고 부모의 관심도 많기 때문이다. 하지만 우민이는 가만히 내버려두면 학업을 포기할 것 같았다. 특히, 수학에서 말이다. 그래서 우민이 맞춤형 지도 계획을 세웠다. 수학 기본 연산 연습을 위해 교구를 준비했다. 3~6세 몬테소리 국제 자격증이 있는 나는 '색 구슬'이라는 교구를 주고 계산하게 했다. 우민이에게 구체물을 주지 않으면 머리를 쥐어뜯으면서 계산한다. 교구를 이용하니 무난하게 계산해 나갔다. 우민이에게 만큼은 잔소리쟁이 엄마가 되기로 했다. 아침에 오면 취침 시간, 게임 시간 확인, 점심 후 양치 검사, 개인 수학 지도를 따로 해 주었다. 양치도 얼마나 안 했으면 이가 다 썩어 시커멓다. 우민이를 하루에도 수십 번 불렀다. 우민이는 항상 귀찮은 듯 대답하고 느릿느릿 걸어왔다. 그래도 선생님의 관심이 싫지 않은지 하라는 건 꼭 했다.

  담임의 끈질긴 잔소리로 우민이는 좀 1학년다워졌다. 가끔 국어 시간에 깊이 생각해 볼 질문을 던지면 참신한 대답을 해 나를 깜짝 놀라게 했다. 이런 우민이를 지금처럼 엄마처럼 보듬고 궁둥이를 팍팍 때려 주면서 칭찬 한 방씩을 세게 날려 준다면 하나씩 엇나가고 있던 단추들을 바로 채워 갈 수 있을 것 같았다. 그 단추를 부모와 함께 채운다면 그 효과는 몇 배가 되겠지만 나 혼자 해 줘야 하기에 더 신경이 쓰였다.

  1학년 가을쯤, 학예회 준비로 분주했다. 국악 공연 예행연습을 끝내고 악기들을 거리가 꽤 되는 강당에서 연습실로 이동시켜야 했다. 장구, 징, 북을 옮겨야 하는데 1학년이 들기에는 무거웠다. 강당 무대 뒤에 우민이가 옆에 있길래 부탁했다.
  "우민아, 이 열쇠로 연습실 문 좀 열어 놓을래?"
  우민이는 힘차게 대답하고는 오른손엔 장구, 왼손엔 북을 들고 뒤뚱뒤뚱 걸어갔다. 문만 열어 놓으라는 건데, 악기까지 옮기고 있었다. 작고 마른 우민에게는 무거울 텐데 걱정되었다. 하지만 우민이의 표정에서 생기가 느껴졌다. 지금까지 보지 못한 모습이었다. 국악 연습도 지겨웠을 텐데, 이 무거운 악기들을 옮기는 것도 귀찮을 텐데. 우민이는 먼저 갔고 나머지 아이들과 함께 악기를 하나씩 들고 줄지어 교실로 이동했다. 우민이를 보면 '모두가 있는 데서 폭풍 칭찬을 해 줘야지.' 하는 생각과 함께 갑자기 태도가 달라져 걱정도 됐다. '장난을 치려는 건 아닐까?' 하는 생각도 잠시 했다. 아니면, 가다가 포기하고 주저앉아 있지는 않을까 염려도 되었다. 오만가지 생각으로 연습실에 다다랐을 때, 문 앞에 나와 반 친구들을 맞이해 주었다. 우민이를 보자마자 장난이나 다른 의도가 아니라는 것을 확인하고 안심했다. 들고 간 악기 두 개를 연습실 뒤에 잘 정돈해 두고 나와 반 친구들을 기다린 것이었다. 우민이가 자진해서 선생님과 친구들을 위한 위해 무언가를 한 것은 처음이었다.

"우민아, 너에게 이런 능력이 있었구나. 선생님은 우민이 덕분에 정말 수월하게 악기를 옮겼어. 고맙다."

우민이의 작은 눈이 웃으면 초승달이 된다는 것을 이날 처음 알았다. 우민이는 썩은 이빨을 훤히 드러내 보이면서 뿌듯한 미소를 보여 주었다. 점심시간에 우민이를 불러 물어보았다. 오전에 했던 우민이의 행동은 교사로서 아이를 변화시킬 수 있는 절호의 찬스이기 때문이다.

"우민아, 아까 선생님은 악기 한 개 드는 것도 무겁던데,

너는 두 개나 들고 가서 교실 문까지 열어 줘서 깜짝 놀랐어. 우민이의 이런 멋진 행동은 처음이야. 어떻게 그런 생각을 했어?"

"그냥 그러고 싶어서요."

팔이 서늘해지고 머리털이 단단해지는 것을 느꼈다. 지금까지 우민이의 행동을 봤을 때는 아무 생각이 없어 보였다. 내가 시키는 과제와 잔소리는 듣기 싫어서 억지로 하는 것 같았고, 자발적인 행동은 괴물 그림뿐이었다. 수학 문제를 따로 주면 내 앞에서 두 발을 동동거리며 머리를 쥐어뜯었다. 양치했는지 확인하기 위해 양치 컵을 가지고 오라고 하면 "아, 왜요?" 하며 짜증을 냈다. 책상 서랍 정리를 시키면 우민이는 가만히 앉아 있는다. 이럴 때면 책상 서랍에 구겨져 있는 종이들, 망가진 사인펜, 찢어져 있는 교과서 등을 모두 뺀다. 우민이는 울상을 지으며 "선생님, 하지 마세요."라고 했었다. 교실 바닥을 쓸 때면 딱 한 개 쓸어 온다. "가득 채워 와."라고 하면 주먹으로 책상을 치며 괴로워했다. 우민이는 지금까지 내가 시키는 이런 모든 행동을 해 보지 않았고 칭찬도 받아 보지 못한 듯했다. 아무도 우민이에게 하기 싫은 것도 해야 한다는 것을 가르치지 않았던 것 같았다. 우민이의 이런 부정적인 반응은 안 하던 행동을 하는 것에 대한 용기의 벽을 넘는 자신만의 표현이었다. 선생님에게 "아, 왜요!" 하며 짜증을 내는 행동을 예의가 없다며 혼을 냈었더라면 오늘 같은 자발적인 옳은 행동은 하지 않았을 것이다.

 아이들은 정말 잘 알고 있다. 내 앞에 있는 어른이 자기를 얼마나 예뻐하는지, 우민이도 그걸 느꼈을 것이다. 반 아이들 한 명 한 명을 사랑하고 진심으로 대하면 아이들은 자석처럼 내게 온다. 선생님의 가르침과 조언도 스펀지처럼 빨아들인다. 아이들을 대할 때 좋아하는 것이 무엇인지, 어려워하는 게 무엇인지 관찰해 보고 대화도 해 보자. 아이들은 자세히 설명은 하지 못한다. 툭 내뱉는 짧은 그 대답을 믿어야 한다. 아이들에게 듣고 싶은 말이 아닌 아이들이 들려주는 그 이야기를 어른들은 받아들이고 인정해 주어야 한다. 나를 인정해 주는 어른이라면 믿고 따른다. 아이들은 단 한 명이라도 자기를 믿어 주는 어른이 있다면 나쁜 길로 빠지지 않고 잘 자랄 수 있다고 한다. 그 어른이 부모가 되면 좋겠다.

비상한 두뇌를 가졌어

 우리 학년은 1학년이고 1층 중간에 있다. 다시 말해, 강남 사거리 모퉁이에 있는 가게쯤 되어 유동 학생과 교사 수가 가장 많은 곳이다. 한 학년에 한 반밖에 없는, 전체가 6학급인 작은 학교라 교실에서 무슨 일이 터지면 온 학교가 들썩인다. 어느 날 갑자기 곡소리가 울려 퍼졌다. "엉엉" 세상 서러운 목소리로 에너지를 끌어모아 온 힘을 다해 운다. 이 울음소리가 교실에서 들리면 전교생이 "또 운다."라며 별일 아니라는 듯이 지나다닌다. 울음소리가 잠잠해질 때쯤, 학년 말 나는 휴직을 결정했다.

입학식 다음 날, 7시 20분쯤 학교에 도착하여 못다 한 준비를 바쁘게 하고 있는데 교실 창문 밖으로 한 아이가 쓱 지나갔다. 갑자기 교실 미닫이문이 덜컹거렸다. 쫓아 나가 보니 우리 반 아이였다. 엄마가 일찍 보냈다며 들어온 아이는 티셔츠 단추도 제대로 잠그지 않았다. 마음이 쓰였다. 아이가 어색하지 않도록 이름부터 물었다.

"이유온이에요."

명단을 찾아보니 중간쯤 위치해 있었다.

"아, 네가 유온이구나! 이름이 참 예뻐서 기억하고 있었지." 하며 반겨 주었다. 유온이는 하얀 얼굴에 갸름한 턱, 긴 눈매에 웨이브 있는 머리카락을 가진 남자아이다.

입학식에서 받았던 꽃의 끝이 갈색으로 변해 꼬부라질 때쯤, 쉬는 시간, 그 곡소리가 처음 울려 퍼졌다. 바로 유온이다. 팔을 부여잡고, 허리를 반쯤 구부린 후, 곧 쓰러질 듯 몸뚱이를 겨우 세워 울고 있었다. 상황을 파악해 보니 지나가던 아이가 자기를 때렸다고 했다. 옆에는 한 아이가 큰 그림책 3권을 옆에 끼고 있었다. 그 모서리에 유온이가 부딪힌 모양이었다. 의도치 않게 피해를 준 아이도 놀란 듯, 궁금한 듯, 어이없다는 듯, 쳐다보고 있었다. 놀란 것은 자신의 실수 때문이고 궁금한 것은 '어디에 부딪힌 거지?'이며 어이없다는 것은 '왜 그렇게까지 우는 거야.'일 것이다. 지나가던 아이가 잘못한 게 아니고 사람이 많은 곳에서 흔히 일어날 수 있는 일이다. 하지만 상대방이 울 정도의 상황이라면 '몰랐어. 미안해!'라는 사과는 해야 한다. 우리 어른도 모르는 사람과 실수로 부딪히면 서로 '죄송합니다.'라는 인사는 한다. 그래서 아이들에게 "실수도 상대방에게 피해가 갔다면 사과해야 하는 거야!"라고 가르친다. 하지만 상대방이 책의 모서리를 이용해 풀스윙으로 상대방을 내리친 것 같은 반응을 보인다면 미안함보다는 화가 날 수도 있다. 실수한 아이는 하루 종일 분할 수도 있었다. 유온이의 이런 모습은 다른 배경과 등장인물 속에서 여러 번 볼 수 있었다.

유온이의 강한 존재감은 쉬는 시간, 점심시간과 같이 그래도 좀 공간 밀도가 낮은 곳이 아닌, 수업 중 담임 선생님 옆에서 반 아이들 모두가 집중된 그 순간, 강력하게 드러난다. 한글 수업 중에 일어난 일이다. 놀이로 글자를 익힌 후, 쓰기 연습 시간이었다. 연한 회색으로 적혀 있는 모음 위를 따라 적는 것이다. 연필을 잡은 작은 손가락 끝에 핏기가 사라질 정도로 힘을 주어 잡고는 연필심이 부러질 듯 글씨를 써 내려가는 아이들이다. 교실이 조용하다. 이때, 누군가가 입을 열었다.

"선생님, 세로가 안 써져요."

유온이의 말에 가까이 다가가 손을 잡고 같이 써 주었다. 몇 번 연습 후, 혼자 해 보게 하였다.

"선생님, 이거 왜 해야 해요?"

유온이는 잘 안되면 짜증을 참지 못한다.

"천천히, 조금만 더 해 보자."

"잘 안된다니까요!"

유온이의 말을 들어 주고 싶지 않았다. 앞으로도 하기 싫거나 힘들다고 느껴질 때마다 못 하겠다고 할까 봐 걱정되었다. 유온이는 "그만해도 좋아."라는 내 말을 들어야 했다. 유온이는 결국 앞으로 나와 내 책상 옆에 붙어서 떼를 쓰기 시작했다. 그것도 수업 중에 말이다. 자리로 들어가라는 말만 했다. 여기서 공감과 다독임은 유온이에게 독이 될 것 같았다. 그때부터 유온이는 쉬는 시간 종이 울릴 때까지 내 앞에서 울음 섞인 떼를 썼다. 부모님께 연락한다며 내가 핸드폰을 들었을 때는 바닥에 주저앉아 통곡하기 시작했다. 강남 사거리 모퉁이 가게라 시내 사람들이 우리 교실로 몰려들었다. 누가 봐도 내가 유온이를 심하게 혼을 냈을 것 같은 상황이었다. 이 일 이후에도 하기 싫은 활동이나 허용선을 넘는 일에 허락을 구할 때는 수업 시간 중에도 불쑥 앞으로 나와 떼를 썼다. 쉬는 시간에 이야기하자는 내 말은 소용없었다. 유온이는 자신이 듣고 싶은 이야기를 꼭 들어야 했다. "유온이가 계속 이러면 엄마에게 알릴 수밖에 없어."라는 말을 결국 하게 된다. '엄마'라는 말이 나오면 그때부터 다음 단계 울음으로 발전한다. 이럴 때면 눈 아래가 움푹 파여 눈 밑 지방 재배치 수술을 해야 하나 고민했고 내 어깨는 앞으로 굽어 필라테스 등록을 결심했다. 동료 선생님들은 "또 유온이구나!"라는 위로의 말을 던져 주셨고 나는 그 말조차도 받아먹지 못했다.

이런 일이 있을 때마다 부모님께 유온이의 학교생활에 대해 상세히 알려 드렸다. 유온이 엄마도 무슨 행동인지 알 것 같다며 죄송하다고 말했다. 사실 이 말을 들으려고 알려 드린 것이 아니었다. 이쯤 되면 교사와 부모의 능력 밖의 일일 수도 있다. 해결되지 않고 반복되는 행동으로 반 전체가 힘들어하고 있는 상황에서 해결이 시급했다. 1학기 말쯤 유온이 엄마는 정신건강의학과 상담을 먼저 말씀하셨고 나는 동의했다. 교사가 먼저 병원을 추천하는 일은 엄청난 용기가 필요하다. 그 후폭풍의 사례들을 많이 봐 왔기 때문이다. 나도 안다. 엄마의 마음이 병원의 문턱까지 가기가 쉬울까. 조금만 더 노력해 보면 좋아지지 않을까. 요즘은 많이 나아졌는데 하는 생각으로 최대한 해결해 보고 병원은 최후의 수

단으로 생각한다. 유온이는 1학기 말에 병원에 간다고 했지만, 학년이 끝날 무렵에 병원 진료를 처음 봤고 약을 먹기 시작했다. 약으로 조절된 유온이는 떼와 울음으로 에너지를 다 쓰느라 꺼내 보지 않았던 숨은 능력들을 보여 주기 시작했다.

  유온이가 약을 먹기 시작한 첫날, 우리 교실은 1학년인데 4학년쯤 되어 보이는 아주 똘똘한 남학생 한 명이 중간에 허리를 세우고 앉아 있었다. 유온이다. 수업 시간, 내 질문이 끝나기도 전에 손을 든다. 안 시킬 수가 없다. 질문에 대한 대답은 모두 완벽했다. 아는 것도 많았고 창의적이기까지 했다. 1학년 남자아이들의 최애 놀이는 종이접기이다. 공룡 종이접기를 하면 오리고 붙여 꼭 다리나 팔을 움직이게 했다. 점심시간 놀이터에서 모래 놀이를 하면 이야기가 있는 왕국을 건설했다. 수학 시간에도 기계적인 문제 풀이보다는 원리를 알아차리고 발표했다. 심지어 친구들의 다툼에 양쪽 변호인을 번갈아 하며 논리적인 변호를 하기도 했다. 1학년답지 않은 두뇌와 이성을 고루 갖추고 있었다. 이렇게 완벽할 수가. 궁금한 것, 하고 싶은 말이 머릿속에 폭죽 터지듯 터지니 가만히 있을 수가 없는 것이다. 담임 선생님의 심부름도 고학년 형처럼 해냈다. 똘똘한 유온이는 한

결같이 훌륭했지만 가끔은 예전 행동이 나오기도 했다. '아이들이 그렇지 뭐. 갑자기 확 변할까.' 싶은 날은 약을 먹지 않은 날이다. 이런 날에는 오후 돌봄 선생님이 씩씩대며 교실로 찾아온다.

"유온이 오늘 약 안 먹었지! 아이고, 울고불고 난리다."

그나마 다행이다. 약을 먹은 날과 안 먹은 날의 차이가 확실하고, 이유는 알고 있으니 말이다.

학년말을 한 달쯤 남겨 두고 여유가 생겼다. 동료 선생님들은 "다 키워 놓고 살 만하니 학년말이네." 보통은 5월쯤 되면 아이들 파악도 끝나고 적응 기간이 끝나면서 모두에게 여유가 좀 생기는데 이번 학년은 아니었다. 학년말, 남겨 놓았던 육아 휴직을 하기로 결심한 걸 보면 마지막 한 달은 차곡히 쌓였던 내 썩은 속을 회복하기에는 짧은 시간이었다. 그 울음과 떼는 1년 내내, 나를 무능력하게 만들었고 알 수 없었던 고통을 견디고 있었다. 피부가 하얗고 웃으면 얼굴에 초승달 두 개가 뜨는 유온이는 잘생겼다. 운동도 잘하고 똑똑하고 머리도 좋다. 선생님에게 칭찬만 받으며 1년을 보낼 수도 있었다. 적극적인 처방만 있었다면 말이다. 거의 1년의 긴 세월을 유온이와 나는 대치 상황에서 서로 힘만 뺀 것 같았다. 지금도 '다른 방법은 없었을까?' 하는 생각을 한다. 내 영역 밖의 일이라고 단정 짓지 않는다.

　요즘은 유온이 같은 아이들이 많이 늘었다고 한다. 조금만 적극적인 도움을 받으면 자기 능력을 보통의 아이들보다 더 발휘할 수 있다. 호기심이 많고 좋아하는 일에 집중력을 발휘하여 새로운 것을 만들어 낸다. 부모가 해 줘야 하는 일은 교차로에 있는 횡단보도 동시 신호를 지켜 아이들이 안에서만큼은 안전하고 편안하게 길을 건널 수 있게 도와주는 일이다. 아이가 교차로를 불안하게 건너고 있다며 그 원인을 찾기 위해 적극적으로 노력해야 한다. 이것도 아이를 사랑하는 길이니 조금만 용기를 가져 보면 좋겠다.

사춘기 5학년 여학생

　오랜만에 5학년 담임을 맡았다. 매번 1학년 아니면 2학년을 했고 희망 학년에도 저학년을 썼다. 학교를 옮긴 첫해라 선택의 기회가 없었다. 갑자기 5학년이라 좀 걱정되었다. 저학년만 하다가 고학년을 맡으려니 부담이 되었다. 1학년, 2학년은 선생님에게 칭찬받는 걸 좋아해서 말도 잘 듣고 자신을 표현하는 것을 좋아하여 눈빛만 봐도 아이의 감정을 알 수 있다. 이에 반해 5학년, 6학년은 내 말을 척척 알아듣고 대화다운 대화를 하지만 어떨 때는 속에 무엇이 있는지 알기가 참 어렵다.

3월 첫날부터 긴장이 되었다. 아이들도 처음 보는 여자 선생님을 담임으로 만나는 날이다. 3월 한 달은 반 분위기를 잡고 규칙을 세우기 위해 단호하고 위엄 있는 모습을 보여 주는 것이 좋다. 이번에는 반대로 5학년 아이들에게 처음부터 다정한 선생님이 되어 보기로 했다. 저학년을 오래 해서 하나하나 챙겨 주는 이미지를 몇 년 동안 장착해 왔더니 그게 더 편했다. 1학년 담임 선생님처럼 5학년을 하나하나 챙겨 줄 필요는 없다. 하지만 아직 초등학생인데 집에서도 학교에서도 당연한 듯이 어른의 역할을 부여받는 아이들을 오히려 살뜰히 챙겨 준다면 아이들도 나를 더 좋아하지 않을까 싶었다. 3월 첫날, 제일 먼저 교실에 들어와서 등교하는 아이들을 한 명씩 맞이해 주고 인사했다. 가지고 온 짐을 사물함에 함께 정리해 주었다. 아이들은 싫지 않은 듯했다. 아이들에게 필요한 사랑은 정해져 있는데 가정에서 채워 주지 못한다면 같은 색깔은 아니지만 내가 그 사랑을 채워 주어야겠다는 마음으로 시작했다.

새 학기 첫날, 교실에는 빈자리가 하나 있었다. 결석한 아이의 이름은 '세빈'이고 여자아이였다. 아이들에게 물었다.
"세빈이는 원래 잘 안 나와요."
아이들은 아무렇지 않다는 듯 말했다. 사춘기 고등학생도 아니고 초등학생인데 학교에 잘 나오지 않는다는 말에 마음이 쓰였다. 수업이 끝난 후, 보호자에게 전화를 드렸지만 연결되지 않았다. 작년 담임 선생님께 여쭈었더니, 세빈이는 가을에 전학을 왔고, 그때부터 결석이 잦았다고 했다. 한번은 학교에 가기 싫다고 해 아버지가 교문 앞까지 끌고 왔다는 이야기도 들었다. 사춘기의 문을 일찍 두드린 걸까, 아니면 다른 이유가 있을까. 세빈이에 대한 목표를 하나 정했다. '세빈이가 학교에 오고 싶어지게 만들자.' 학교가 힘든 곳이 아니라 재미있고 따뜻한 곳임을 느낄 수 있도록 해 주고 싶었다.

다음 날, 다행히도 세빈이는 등교했다. 최대한 세빈이에게 좋은 이미지를 심어 주기 위해 노력했다. 아무렇지 않게 인사했고 세빈이가 가지고 온 새 학기 물건을 함께 정리해 주었다. 어제 결석한 일에 대해서는 묻지 않았다. 결석이 잘못된 것을 충분히 아는 나이인데 그걸 묻는다는 것은 잘못을 들추어 내는 것이기 때문이다. 세빈이는 꽤 어른 같은 느낌이었다. 이마와 볼에는 붉고 큰 여드름이 나 있었고 살집이 있어 덩치가 컸다. 어깨는 바짝 오그라들어 있었고 앞머리가 길어 고개를 숙이면 눈이 잘 보이지 않았다. 세빈의 목소리는 굵고 낮았다. 작은 손거울과 빗을 가지고 다니며 머리를 자주 빗었다.

내일도 세빈이가 학교에 나오게 하려고 하루 종일 애썼다. 세빈이 이름을 자주 불러 주고, 세빈이가 뭘 하는지 관심을 가지며 이야기도 나누었다. 가수를 좋아하고 게임도 종종 한다고 했다. 사촌 언니에게 의지를 많이 하고 있다고도 했다. 생각보다 이야기도 잘 해 주었고 방어적인 느낌은 아니었다. 친구들과는 소통이 전혀 없었고 학습 결손은 보였지만 그래도 수업에 집중해 주었다. 내일도 학교에 올 것 같은 기분이 들었다. 다음 날, 아침 7시 30분쯤 학교에 도착하니 우리 반 앞에서 누군가가 기웃거리고 있었다. 세빈이었다. 세빈이에게 부지런하다고 칭찬해 주며 선생님을 기다려 주어 고맙다고 했다. 세빈이에게 교실 비밀번호를 알려 주며 "비밀번호는 너만 알고 있어."라고 말했다. 너와 나만의 비밀은 여자들의 보이지 않는 단짝의 연결고리다. 먼저 오게 되면 교실 창문을 열어 환기를 부탁했다. 이건 아주 중요한 일이며 선생님의 일을 덜어 주는 것이라는 말도 했다. 세빈이가 학교에 오게 만들 수 있는 장치를 하나 만들었다. 그다음 날부터 세빈이는 거의 매일 나보다 일찍 학교에 와서 교실 문과 창문을 활짝 열어 놓았다. 그런 세빈이에게 늘 고맙다고 말했다. 세빈이와 나는 아침마다 일찍 오기에 30분 이상을 둘만 교실에 있었다. 나는 학교에 일찍 도착해서 교실에서 아침을 간단히 먹고 화장한다. 아침에 남편과 아이가 자고 있는데 밥을 먹고 준비하는 것이 불편했기 때문에 씻고 옷만 입고 출근했다. 세빈이가 교실에 있어도 사정을 말하고 하던 일들을 했다. 이것도 비밀이라고 하니 세빈이는 걱정 말라는 말까지 했다. 먹을 것을 세빈이의 것도 하나씩 더 챙겨 왔다. 세빈이를 내 책상 옆으로 불러 함께 아침을 먹었다. 세빈이에게 선생님보다는 동네 언니 같은 편안한 느낌으로 말을 걸었다. 시내에 놀러 간 이야기, 여행 이야기, 다이어트 경험을 나누었다. 사실, 이렇게 개인적인 이야기를 반 아이에게 한 건 처음이었다. 다른 아이들보다 빨리 사춘기가 온 세빈이는 화단에 삐죽 올라온 꽃 한 송이 같았다. 키가 비슷한 다른 꽃들은 어딜 봐도 나와 같은 꽃이며 그것밖에 보이지 않는데 삐죽이 올라온 꽃은 주변을 둘러봐도 다른 광경이다. 보이는 새로운 세상으로 나가려고 하니 어설프고 미숙하여 방황하고 있었다. 바람에 더 흔들렸고 외로웠다. 그런 세빈이 옆에서 혼자만 키가 큰 것은 이상한 것이 아니라며 넓은 세상을 볼 수 있는 것이 더 좋은 것이라 이야기해 주고 싶었다. 사춘기가 빨리 와 어른에 더 가까워진 세빈이를 있는 그대로 인정해 주고 싶었다.

 세빈이는 혼자 조용히 지냈다. 너무 빨리 성숙해 버린 걸까. 마음 둘 데가 없는 걸까. 외모로 봐도, 하는 말과 행동을 봐도, 세빈이는 몇 살 더 많은 언니 같았다. 여자 친구들과 어울리는 것 자체를 싫어하는 건지. 세빈이가 걱정되었다. 세빈이에게 친구들과 이야기할 기회를 주기 위해 세빈이만의 1인 역할을 만들어 주었다. 지금까지 없던 새로운 역할이다. 바로 '점심시간 음악 디제이'다. 물론, 내가 세빈이에게 하라고 바로 지목하지 않았다. 역할 목록을 모두가 함께 만들었고 세빈이가 그 역할을 할 수 있도록 보이지 않게 유도했다. 세빈이는 흔쾌히 이 역할을 하겠다고 했다. 가까이 있는 유진이도 함께하기로 했다. 세빈이와 유진이가 하는 일은 쉬는 시간에 신청곡을 받아 목록을 만들고, 점심시간에 세빈이의 핸드폰을 이용해 음악을 틀어 주는 것이다. 세빈이는 블루투스 스피커를 직접 준비하는 열정을 보였다. 세빈이 의자에 유진이가 함께 걸터앉아서 이야기를 자주 나누었다. 아이들은 자연스럽게 세빈이와 유진이 주위에 몰려들었고 세빈이도 점점 적극적으로 소통하기 시작했다. 처음에 내가 염려했던 성숙의 격차는 내 착각이었는지도 모른다. 세빈이도 5학년 초등학생이었다.

세빈이는 학교에 정을 붙이게 되었다. 세빈이는 사춘기가 다른 아이들보다 조금 일찍 온 여학생이었다. 사춘기가 오면 아이들은 변한다. 어린아이와 어른의 중간 단계에서 어른이 된 것 같지만 말과 행동은 너무나 미숙하다. 사춘기에 접어든 아이들은 어른 대접을 받고 싶어 한다. 하지만 부모 눈에는 아직도 어린 자식이기에 어른으로 존중해 주기가 쉽지 않다. 세빈이도 마찬가지이다. 자신은 이미 어른이 된 것 같은데 자신을 어린아이처럼 혼내고 자신의 의견과 마음은 무시되니 부모와의 소통도 단절되어 버린 것이다. 사춘기가 온 여학생이라면 아이에게서 한 발짝 물러나 금방이라도 깨질 듯한 유리처럼 섬세하게 감정을 대해 주는 것이 필요하다. 만약 아이의 선택과 방법이 잘못되었다면 이미 살아 본 선배의 입장에서 조언을 해 주는 정도여야 한다. 왜냐하면 아이는 이미 자신의 선택이 최선이라 여기기 때문이다. 부모가 하자는 대로 고분고분 따라올 나이는 지났다. 아이가 가지고 있는 세상과 어른이 가지고 있는 세상의 크기는 같다. 어른이 더 커서 아이의 세상을 무시하거나 함부로 침범해서는 안 된다. 각자의 세상에서 공존할 방법을 찾아야 한다. 사춘기가 찾아왔다면, 앞에서 끌어 주는 부모가 아니라, 옆에서 함께 걸어 주는 동반자의 자리에 서야 한다. 그 거리에서 건네는 한마디가 아이의 마음에 더 깊이 스며든다. 사춘기라는 변화의 시기를 겪고 있는 아이들이 어른이 되어 가는 이 과정을 조금 더 따뜻하고 행복하게 지나갈 수 있기를 진심으로 바란다.

나는 완벽한 현빈이의 열성팬

"오늘도 식판이 깨끗하네!"

매일 현빈이의 식판을 보며 감탄했다. 식판에 밥, 국, 반찬 세 가지를 받아먹다 보면 부재료로 쓰인 채소나 견과류 등은 남길 때가 많다. 교사인 나도 잔반이 생기는데 현빈이는 단 하루도 빠짐없이 다 먹는다. 먹을 수 없는 뼈나 껍질은 남기더라도 밥 한 톨, 국 건더기도 남기지 않았다. 이렇게 먹는 아이는 지금까지 딱 두 명 만나 봤다. 잘 먹는 아이들은 많이 받아서 남기고, 잘 안 먹는 아이들은 안 먹어서 남긴다. 그 속에서 잔반이 없는 깨끗한 식판을 볼 때면 감탄이 나오는 건 어쩔 수 없다. 현빈이의 깨끗한 식판은 완벽한 학교생활을 대변했다.

  완벽의 기준은 단순하다. 선생님으로서 학생을 바라볼 때 칭찬이 절로 나오고 나무랄 데가 없다는 말이다. 내 자식도 딱 저랬으면 하는 학생상이다. 4학년 현빈이는 키는 중간쯤 되고 빡빡머리에 다부진 입과 쌍꺼풀이 없는 긴 눈매를 가졌다. 생김새는 상남자 스타일, 까무잡잡하고 통뼈를 가졌을 것 같은 단단함이 느껴지는 아이이다. 외모에서 우러나오는 이미지는 체육을 좋아하고 씩씩한 아이일 것 같지만 현빈이는 행동이 조심스러웠고 소극적인 아이였다. 현빈이 엄마는 늘 그게 걱정이었다.

  현빈이의 자리는 정중앙에 위치시켰다. 자리 배치를 하다 보면 원칙이 생기는데 이것은 협력학습을 수월하게 하고, 아이들이 수업에 집중할 수 있게 하기 위함이다. 현빈이를 중심으로 맨 앞쪽은 나의 신속한 지도가 필요하거나 도움이 필요한 아이들이 앉는다. 그 뒤로는 본보기 친구가 없어도 수업에 집중을 잘하는 아이들이 앉는다. 현빈이 바로 뒤에는 현빈이의 긍정적인 학습 태도를 배웠으면 하는 학생들이 앉는다. 자연스레 뒤에 앉은 친구들에게 전해지기를 바라는 마음에서다. 매번 깊은 고뇌 후 자리를 결정하지만, 자주 실패한다. 아무튼 현빈이는 랜드마크가 되어 교실 정중앙에서 반짝이고 있었다. 현빈이는 어떤 과목의 수업이든 집중력을 잃지 않았고 고개를 끄덕이면서 내 말을 경청했다. 대부분은 그렇게 반응하지 않는다. 그래서 나도 모르게 현빈이의 반응을 보면서 수업하게 된다. 현빈이가 고개를 갸우뚱하면 나는 급히 다시 예를 들어 설명하게 된다. 현빈이가 다시 고개를 끄덕이면 다음으로 넘어간다. 현빈이는 내 수업에 없어서는 안 될 지표가 되었다. 현빈이는 발표를 적극적으로 하는 건 아니었지만 시키면 척척 대답했다. 수업 흐름이 끊길 때에는 현빈이에게 질문을 하기도 한다. 현빈이의 대답으로 수업을 이어 간다. 아무도 모르게 나는 이런 현빈이의 열성팬이 되었다.

4학년 우리 반은 '미덕 보석'이라는 활동을 했다. 감사, 사랑, 배려, 열정 등의 미덕들을 실천할 때마다 미니 노트에 기록하고 '미덕' 이름이 적힌 보석 종이를 옆에 붙이는 활동이다. 이런 다양한 미덕들을 실천해 보라는 담임의 의도다. 금요일이 되면 내가 어떤 미덕을 실천했는지 발표하는 시간을 가졌다. 대부분 일주일에 한두 번 실천했다. 아예 하지 않는 아이들도 있었다. 현빈이는 단 하루도 빼먹지 않고 미덕을 실천하고 기록했다. 학기 말쯤 되니 실천하는 아이들의 수는 반의반으로 줄었다. 이 활동을 학기 말까지 할 수 있었던 것은 현빈이 덕분이었다. 현빈이의 성실함은 대단했다.

　사실 현빈이에게는 아픈 가족사가 있었다. 한 살 터울의 형은 5학년에 다니고 있는데 많이 아파서 학교에 거의 나오지 못하고 병원에 있었다. 가끔 형이 학교에 올 때면 비니 모자를 눌러쓰고 마스크를 쓰고 왔다. 체육활동은 하지 못했고 현장 체험학습, 운동회, 학예회 같은 행사에는 참여하지 못했다. 현빈이와 비슷한 체구에 얼굴도 쌍둥이 같았다. 현빈이와 다른 점은 까무잡잡한 현빈이에 비해 얼굴이 창백할 정도로 하얬다. 둘은 쉬는 시간에 만나면 서로 부둥켜안으며 행복해했다. 오래 보지 못한 가족이 상봉하는 듯했다. 항상 손을 잡고 다녔으며 대화를 나눌 때도 서로 소곤대며 말했다. 이 두 아이를 볼 때면 가슴이 아려 왔다. 학교에서 형제, 자매를 만나면 서로 모른 척하거나 남 보듯 대하는 경우가 많다. 매일 집에서 부대끼다가 학교에서까지 만나니 그 소중함을 모른다. 현빈이와 형은 달랐다. 형이 많은 시간을 병원에서 보냈고 가끔 학교에 나오는 상황이었다. 현빈이 엄마는 나를 처음 만났을 때 형 이야기부터 했었다. 어릴 때부터 형이 아파서 간호해야 하는 상황이라 현빈이를 잘 돌봐 주지 못했다며 눈물을 흘리셨다. 그런 현빈이에게 유독 엄하게 하셨고 어린 현빈이의 응석도 받아 주지 못하셨다고 했다. 그래서 소극적이고 조용한 현빈이를 보면 늘 마음이 아프다고 했다. 엄마의 마음은 그렇지만 내가 보는 현빈이는 문제가 없어 보였다. 2학기가 되면서 적극적이고 밝아졌다.

현빈이는 편치 않은 가정에서 아주 잘 컸다. 모난 곳 없이 성실하고 차분하며 예의도 발랐다. 가정환경이 현빈이를 그렇게 만든 것일까, 타고난 성향일까. 현빈이를 보며 지금까지 마음속에 품고 있던 하나의 생각에 더욱 확신을 갖게 되었다. 바로, 아이는 '모든 걸 갖춘 환경'보다 '적당한 결핍' 속에서 더 단단히 자란다는 것이다. 요즘은 아이에게 좋은 것만 주고 싶어 한다. 부족함 없이 모든 것을 채워 주려는 부모의 마음은 지극히 당연하다. 하지만 아이가 원하기 전에 채워 주고, 모든 감정을 다 받아 주면 어느 순간 아이는 '스스로 성장할 기회'를 잃게 된다. 요즘 육아 방향은 아이에게 공감해 주어야 하고, 아이에게 화를 내거나 매를 들면 안 된다고 한다. 감정을 컨트롤하지 못하고 아이에게 나쁜 감정을 쏟아 내면 아이가 그대로 배운다고 한다. 아이에게 화를 내거나 목소리를 높이면 죄책감에 시달려야 하고 아이에게 사과까지 해야 그 죄를 그나마 줄일 수 있다. 내가 육아

전문가도 아니고 소아정신과 의사는 아니지만 이미 큰 아이들을 만나면서 느낀 것은 아이에게 끌려다녀서는 안 된다는 것이다. 엄마가 단호하고, 아이 스스로 하게 내버려두고, 혼도 좀 내고, 엄하다고 해서 아이가 마음의 병을 얻거나 의기소침해져 있지 않는다. 오히려 독립적이고 야무지게 큰다. 길다면 긴 나의 경력에서 한결같이 얻은 모순 없는 나의 결론이다. 아이를 키울 때, 내 감정과 에너지를 너무 많이 쏟지 말자. 모든 것을 다 해 주지 않아도 아이는 자란다. 아니, 오히려 다 해 주지 않을 때 더 잘 자란다. 방향만 제대로 잡아 주면 된다. 하지만 문제는 그 방향조차 제시하지 못하는 경우다. 아이의 짜증과 떼, 불편한 감정을 견디지 못해 부모가 허용선을 넘기 시작하면 아이는 세상의 경계를 배우지 못한다. 부모가 흔들리면 아이도 중심을 잃는다. 현빈이 엄마는 오히려 아이를 세심히 챙겨 주지 못했다는 미안함 때문에 더 단단하게 선을 그었는지도 모른다. 그리고 그 결핍은 현빈이를 스스로 돌보는 아이로 만들었다. 차분하고 예의 바르며 성실하고 모난 데 없는 현빈이. 아이에게 많은 것을 해 줘야 한다는 생각을 이제는 내려놓자. 사랑은 물질이 아니라, 기준과 존중에서 비롯된다. 오늘도 나는 교실에서 아이들을 가르치고, 집에서는 내 아이를 키우며 다짐한다. '불안은 내려놓고, 단호함은 지켜 내자. 그리고 그 위에, 웃는 얼굴 하나 얹어 주자.' 아이는 그 웃음 속에서 스스로 걸어갈 힘을 얻게 될 테니까. 결핍을 채우려 하지 말고, 결핍을 단단하게 만들자. 그것이 아이를 위한 진짜 사랑이다.

재희야, 사랑해!

　2학년 재희는 눈이 커다랗고 뽀글뽀글한 머리카락을 가진 아이다. 피부는 하얗고 꽉 말랐는데 키는 큰 편이었다. 엄마는 재희에게 예쁜 옷, 좋은 학용품을 자주 사 주셨고 늘 깔끔하고 정돈된 모습으로 학교에 보냈다. 재희는 좀 아픈 아이다. 말이 느렸고 어눌했으며 힘이 없어 보였다. 뼈밖에 없어 보이는 재희는 건드리면 툭 넘어질 것 같았다. 걸을 때는 앞으로 쓰러질 듯이 걸어서 넘어질까 불안했다.

　재희는 수업에 집중하는 것 자체가 어려웠다. 앉아 있을 때는 종이를 구기거나 찢었다. 학교에는 특수반이 없었다.

재희를 위해 학교에서 보조 선생님을 채용해 주었고 오전 시간 동안은 보조 선생님의 도움을 받았다. 보조 선생님은 재희 옆에 꼭 붙어 있었다. 학급 활동에 최대한 참여시키려고 애썼다. 서서 하는 활동이라면 선생님이 재희 겨드랑이에 팔을 끼고 억지로라도 움직이게 했고, 앉아 있을 때면 선생님이 대부분의 활동을 대신하셨다. 재희는 앉아서도 서도 의지가 없었다. 눈은 언제나 가필드 고양이처럼 반 이상이 감겨 있었다. 보조 선생님은 내게 와서 하소연하셨다.

"선생님, 재희에게 학급 활동은 의미가 없어요. 제가 필요 없는 것 같아요."

보조 선생님은 학교에서 돈을 받고 일하는데 재희가 발전이 없어 보이니 자신의 노력은 무의미하다고 느끼셨다. 보조 선생님에게 수업 내용을 따라가지 않아도 되니, 재희가 수업 시간에 앉아 있을 수 있게만 해 달라 부탁했다. 이후 보조 선생님은 수업 내용과 상관없이 색종이 접기, 색칠하기, 퍼즐 등 다양한 활동을 재희와 함께했다. 주변의 일반 학생도 함께 봐주시면서 그렇게 1년을 보냈다.

재희는 나를 정말 좋아했다. 내 책상이 교실 창문을 등지고 있었는데 창틀 여유 공간에 앉아 내 옆모습을 늘 바라보았다. 내가 고개를 돌려 재희를 쳐다보면 눈은 반쯤 감겨 있었지만, 함박웃음을 짓고 있었다. 그리고 내게 늘 어눌한 말투로 똑같은 말을 했다.

"선생님은 예뻐요. 선생님이 좋아요."

나는 늘 똑같이 화답했다.

"재희도 정말 예뻐. 선생님은 재희가 참 좋아."

쉬는 시간, 점심시간에도 내가 책상에 앉아 있는 그 시간 동안은 내 곁에서 나를 쳐다보고 있었다. 내가 색종이라도 접어 주면 울음처럼 들리는 재희의 웃음소리와 흐느적거리는 두 손을 모으면서 기뻐하는 모습을 볼 수 있었다. 이럴 때는 사랑한다는 말까지 덤으로 듣게 된다. 가끔은 일에 집중하다가 인기척이 있어 옆을 돌아보면 재희가 나를 흐리멍덩한 눈빛으로 쳐다보고 있었다. 흠칫 놀랄 때도 있었다. 깜짝 놀라는 모습을 보여 주면 또 재밌어서 깔깔거린다. 재희에게 내가 해 줄 수 있는 것은 "사랑한다.", "예쁘다."라는 말을 아낌없이 해 주는 것뿐이었다.

재희 엄마는 매일 교실까지 재희를 데리러 오셨다. 방과 후 프로그램이나 돌봄 교실에 참여하지 않는 재희는 수업만 마치고 하교했다. 어느 날은 재희를 데리고 나갔다가 10분쯤 후에 다시 교실로 오셨다. 화장실에서 우리 반 여학생이 재희의 배를 발로 찼다는 것이다. 재희를 데리고 차에 태우러 가는 길에 이야기를 들은 모양이었다. 재희를 차에 태워 놓고 달려오신 것이다. 친구들에게 예쁘다는 말을 자주 했던 재희였고 누군가에게 장난을 치거나 나쁜 말을 할 줄도 모른다. 그런데 누가 이 착하고 여린 재희를 발로 찼을까. 순간 화가 났고, 있을 수 없는 일이라 생각했다. 우리 반 여학생들 얼굴을 하나하나 떠올리며 그럴 만한 아이가 있는지 아무리 생각해도 떠오르지 않았다. 재희는 반에 있는 여자 친구가 발로 찼고 아팠다고만 엄마에게 전했다고 했다. 그게 사실이라면 몇 명밖에 되지 않았던 우리 반에서 재희의 배를 발로 찬 친구를 찾는 일은 어려울 것 같지 않았다. 시골 작은 학교라 1학년, 2학년은 모두 돌봄 교실에 들어가 있었다. 간식을 먹은 후, 방과 후 프로그램에 참여하거나 돌봄 교실에서 활동했다. 재희 엄마를 진정시키고 돌려보낸 후 돌봄 교실로 갔다. 우리 반 여학생들이 간식을 먹는 중이었다. 여학생들이 네 명밖에 되지 않았기에 다가가서 재희와 무슨 일이 있었는지 물어보았다. 두 명은 처음 듣는다는 표정이고 두 명은 눈빛이 흔들렸다. 그 두 명을 따로 불러 물어보니 이 중 민주라는 친구가 정말 재희 배를 발로 찼다고 솔직히 말해 주었다. 민주는 교실에서 가장 조용한 아이였다. 민주는 평소에 표정이 밝지 않고 불안한 표정을 자주 지었다. 어디가 아픈 건 아니었지만 질문을 하면 바로 대답하지 못하고 머뭇거릴 때가 많았다. 민주도 재희처럼 누군가에게 해를 끼치는 행동을 할 아이가 아니었다. 민주는 울먹였고, 이유를 묻자 대답하지 않았다. 먼저 민주 엄마에게 전화를 걸어 이 사실을 알렸다. 민주 엄마는 한동안 말이 없었다. 알겠다고만 하고 끊으셨다. 재희 엄마는 사과를 받길 원했다. 아픈 딸이 발로 차였으니 재희 엄마의 속상함은 감히 상상도 할 수 없는 일이다. 민주 엄마에게 이 사실을 알리고 재희 엄마의 동의로 전화번호를 알려 드렸다. 민주는 왜 그랬을까. 민주도 작고 여린 몸이었다. 말과 행동과 표정으로는 민주를 알 수 없을 때가 많았지만 아직 2학년이고, 칭찬해 주면 좋아했고, 잘못한 일을 지적하면 울음을 보이는 아이였다. 민주 마음에 감당할 수 없는 돌덩이가 있었을까.

선생님 바라기 재희는 그렇게 2학년을 보냈다. 학년말에는 자리에 앉아 숫자 세기나 퍼즐을 제법 오래 하기도 했고, 몸을 쓰는 활동도 따라 하곤 했다. 처음에는 걷는 것도 불안하고 아무 의욕도 없어 보였는데, 어느새 조금씩 따라오고 있었다. 앞으로 살아갈 세상이 만만치 않은데, 재희가 잘 살아갈 수 있을까 걱정도 된다. 그래도 분명한 건, 다른 아이들에 비해 느릴 수도 있지만, 매일 조금씩 앞으로 나아가고 있다는 것이다. 부모는 아이가 너무 느린 건 아닐까, 지금에

이 속도로 괜찮은 걸까 불안해한다. 하지만 교실에서 매일 아이들을 지켜보면 느낀다. 지금 아이의 속도는 누구도 대신 조정할 수 없다는 것을. 한 걸음씩 걷고 있는 우리 아이들을 믿어 주고 기다려 주자. 재희도 이렇게 매일 가다 보면 어느샌가 그 세상을 살아가고 있지 않을까. 지금도 성장 중인 재희를 생각하며 마음으로 응원해 본다.

너는 남자야, 여자가 아니라고

 6학년이 되면 사춘기가 오고 남학생들의 목소리는 걸걸해진다. 덩치도 제법 크고, 코 밑 피부색이 거뭇거뭇해진다. 체격이 크다 보니 행동은 과격하게 느껴지고 가까이 다가가기가 무서울 때도 있다. 하지만 저학년에는 없는 든든함이 있고 의지도 된다. 우리 반 남자아이들은 사춘기가 빨리 왔다. 여학생도 더 성숙했다. 여자아이들은 끼리끼리 무리를 지었고 남자아이들과 어울려 놀지 않았다. 여학생과 남학생이 놀면 이상한 모양새로 느껴질 만큼 서로 거리를 두는 분위기였다. 오리 무리 속에 미운 아기 오기 새끼 한 마리가 들어가 있었다. 여학생 무리에 성별이 다른 덕진이가 끼어 있었다. 아이들은 이 조합을 이상하게 여기지는 않았다. 늘 그래 왔으니까. 체구는 여자아이들보다 작고 말랐다. 머리는 짧은데 옆머리가 길어 머리를 귀 뒤로 넘겼다. 덕진이의 체구는 4학년 여학생처럼 보이는데 6학년 남학생이다.

덕진이가 가장 잘 짓는 표정은 입술을 삐죽하며 한쪽을 올리는 것이다. "흥!" 하며 혼자 삐지고 혼자 잘 푼다. 덕진이는 여자 친구무리에 찰싹 달라붙어 있지는 못했다. 여학생들의 이 무리, 저 무리를 전전하며 쉬는 시간을 보냈다. 친구들은 덕진이를 나쁘게 대하지 않았다. 어느 날은 손톱에 빨간 매니큐어를 바르고 와서 내게 자랑했다. 예쁘지 않냐며 긍정의 대답을 강요했다. 마지못해 "예쁘다." 하니 그제야 만족의 미소를 지으며 자리로 돌아갔다. 다음 날은 분홍색을 바르고 자랑하길래 보자마자 집에 가서 지우라고 했다. 어제는 예쁘다고 했는데 오늘은 혼을 내니 서운한 눈빛이었다. 매니큐어를 바른다고 해서 옷을 여자처럼 입는 건 아니었다. 청바지와 청재킷을 자주 입었다. 옷이라도 무난히 입어서 다행이라 여겼다. 어느 날은 크로스백을 메고 왔다. 여자아이들도 하고 오지 않는 것을 덕진이는 왜 하고 다니는 건지. 그래도 분홍색은 아니었다. 분홍색 핸드백을 메고 왔었으면 당장 사물함이나 가방에 집어넣으라 했었을 것이다. 현장 체험 날이었다. 이날은 아이들의 의상이 평소보다는 화려하다. 입지 않고 아껴 둔 옷을 입은 듯 처음 보는 옷들이 많다. 덕진이는 다행히 평소에 자주 입었던 청바지와 청재킷을 입고 왔다. 무의식중에 덕진이가 갑자기 치마를 입고 나타나지 않을까 걱정했다. 덕진이는 여자아이들도 바르지 않는 붉은 색이 나는 립밤을 바르고 왔길래 보자마자 물티슈로 빡빡 닦아 주었다. 나를 보며 입을 삐죽거렸다. 서운해도 어쩔 수 없다. 네가 이대로 중학교에 가면 왕따를 당하거나 짓궂은 중학교 남학생들에게 괴롭힘을 당할지도 모르니 사전에 너를 고쳐 놓아야겠다 싶었다. 덕진이의 성 정체성을 바로잡기 위해 애썼다.

담임은 덕진이의 여성성을 인정하지 않는데 친구들은 대수롭지 않게 여겼다. "덕진이는 꾸미는 걸 좋아해요." 나보다 낫다. 친구를 있는 그대로 보고 존중해 주는 아이들. 매일 덕진이가 등교할 때마다 매의 눈으로 덕진이를 스캔하고 잔소리를 했다. 덕진이는 내 잔소리에도 기분 나빠하지 않았다. 덕진이는 외모뿐만 아니라 행동도 여성스러웠다. "흥!", "어머!" 같은 감탄사를 자주 사용했다. 물건을 들어 올릴 때는 새끼손가락을 들고 있었다. "새끼손가락은 내리고!" 하는 내 소리에 입을 또 삐죽거렸다. 점심시간에 축구나 달리기는 저세상 놀이고 여학생들 무리에 있었다. 주도는 하지 못했고 여자아이들의 꽁무니를 졸졸 따라다니는 느낌이었다. 도저히 변하지 않을 것 같은 덕진이를 불러 따로 상담했다. 상담은 결국 내 잔소리로 끝났고 덕진이는 별 영향을 받지 않은 듯했다.

 미술을 제일 좋아하는 덕진이는 미술 시간만 되면 눈이 반짝였다. 미술 수업이 있는 날에 빵모자를 쓰고 와서 웃었던 적이 있다. 작품의 색감을 보면 남다른 소질이 있어 보였다. 하늘은 파란색, 사과는 빨간색이 아닌 자신의 감정을 표현한 색을 칠했다. 친구들도 그 부분을 인정했다. 덕진이의 작품은 평범하지 않다며 칭찬을 해 주었다. 이런 덕진이의 모습을 보며 남자 메이크업 아티스트나 의상 디자이너가 된 모습을 상상해 보았다. 여자 옷을 만드는 유명한 남자 디자이너도 있지 않은가. 여자보다 화장을 잘하는 남자 메이크업 아티스트도 있고 말이다. 덕진이도 그 길로 나가면 좋겠다는 생각을 하기로 했다. 덕진이의 여성스러운 행동에 늘 잔소리를 해 댔던 나는 조금씩 덕진이를 인정해 주었다. 가끔 바르고 오는 매니큐어, 꽃무늬 스카프, 크로스백도 예쁘다는 말은 안 해도 잔소리는 하지 않았다. 아이들은 있는 그대로를 존중해 주는 것이 정답이지만 내년에 중학교에 가게 되는 덕진이에 대한 걱정이 나를 너그럽게 하지는 못했다. 어떻게 보면 지금 우리 반 친구들이 덕진이를 바라보는 것처럼 중학교에 가도 그렇지 않을까 조금은 긍정적으로 생각하기로 했다.

그렇게 1년이 흐르고 덕진이는 졸업했다. 그때까지도 변성기가 오거나 취향이 바뀌지는 않았다. 초등학교 마지막 날까지 여성성을 간직하고 있던 덕진이를 인정해 주지 못해 미안한 마음을 밝은 톤의 크로스백 선물로 대신했다. 덕진이는 보자마자 비명을 질렀다. "선생님, 이거 진짜 제 스타일이에요!" 눈을 반짝이며 좋아하는 그 모습이 지금도 눈에 선하다. 5년 후, 덕진이 엄마를 우연히 만났다. 보자마자 덕진이 안부부터 물었다. 덕진이는 디자인 쪽으로 진로를 정했고 학교에 잘 다니고 있다고 했다. 그 순간, 마음 한구석이 찌르듯 아팠다. 왜 그때 덕진이를 있는 그대로 받아들이지 못했을까. 내가 바꾼다고 될 일도 아니었는데. 아니, 오히려 개성 넘치는 아이가 더 당당하게 걸어갈 수 있도록, 진심으로 지지하고 응원했어야 했는데. 초등학교 마지막 1년을 함께하며, 덕진이의 편이 되어 주지 못했던 것이 몇 년이 지난 지금까지도 마음을 무겁게 한다.

매년 교실에는 모두 다른 아이들이 찾아온다. 저마다의 색과 결을 가지고 있다. 눈송이조차 들여다보면 모두 다른 결정체를 가지고 있다. 아이들은 오죽할까. 그런 아이들을 일렬로 세우는 건 어른이다. 사실 아이들은 그저 자기답게 살아가고 있을 뿐이다. 있는 그대로 두기만 해도, 아이들은 스스로 개성을 더 뚜렷하게 키울 수 있는 힘을 갖고 있다. 우리는 아이에게 쉽게 "특이하다."라는 말을 한다. 하지만 아이는 '특이한 존재'가 아닌, 각자 다른 재료를 가진 '특별한 존재'이다. 특이하다는 이유로 어른의 기준에 맞추려 했던 것 자체가 잘못되었다. 덕진이를 통해 나는 그것을 뼈저리게 깨달았다. 아이마다 가진 재료는 다르다. 어른의 역할은 그 재료를 깎아 내지 않고 있는 그대로 바라보며 아이가 자신만의 방식으로 다듬어 가도록 옆에서 응원해 주는 것이다. 이것이 어쩌면 아이 인생에서 가장 필요한 것일지도 모른다.

내가 만난 학부모

선생님이
잘못 보신 듯해요

"어머, 어머, 어머머!"

아이가 용쓰고 있길래 응가를 하는 것 같아 갈아 줄 기저귀를 가지러 갔다. 기저귀를 들고 뒤를 돌아보니 뒤집기를 해서 머리를 들고 있었다. 핸드폰을 꺼내 들고 아이의 첫 도전을 영상으로 담기 위해 달려갔지만 이미 늦었다. 카메라를 켜 놓은 상태로 대기하다가 뒤집기 할 때만을 기다린다. 순간 포착에 성공하면 설레는 마음으로 가족에게 영상을 보낸다. 기저귀를 찬 큰 엉덩이를 짧은 다리로 지탱하며 아주 작은 발로 소파를 잡고 일어설 때, 아이의 성장에 감격했다. 한 걸음을 떼다가 엉덩방아를 찧을 때는, 몸을 던져 도전한 아이의 용기에 격하게 응원을 보냈다. 이렇게 무에서 유를 창조한 아이들은 부모의 지지와 응원을 받으며 성장한다. 아이가 몇 살이 되어도, 부모의 시선은 첫 뒤집기를 성공한 순간과 같아야 한다고 생각한다. 색칠 공부에서 선을 벗어나지 않게 채우는 것, 칸 공책에 처음 글씨를 써 보는 것, 줄넘기를 20개 연속으로 해내는 것, 이 모든 것이 뒤집기만큼이나 찬란한 성장의 순간들이다.

  6학년 담임 때의 일이다. 효주는 여자아이 중 키가 가장 컸다. 갑자기 크는 바람에 관절에 문제가 생겼고 잘 뛰지 못했다. 엉거주춤 뛰는 효주는 그래도 체육 시간을 제일 좋아했다. 얼굴은 까무잡잡하고 수수한 외모에 눈웃음 짓는 아이였다. 효주는 우리 반에서 공책 정리를 가장 잘했다. 공책에 줄을 그어 시간마다 한 줄씩 느낀 점이나 배운 내용을 기록했다. 효주는 자신이 배운 내용을 그림까지 그려 가며 정리했다. 효주는 사회과목을 제일 좋아했다. 사회를 좋아하는 아이는 처음이었다. 사회 시간만 되면 눈이 반짝거렸다.
  "선생님, 저는 사회과목이 정말 좋아요. 커서 세계여행을 꼭 해 보고 싶어요."
  쉬는 시간에 내게 와서 자주 말했고, 세계 여러 나라에 가 보고 싶다는 포부도 보였다. 주로 읽는 책도 지리, 역사책이었다. 이런 효주가 참 기특했다.

1학기 학부모 상담 주간, 코로나로 인해 전화 상담이 이루어졌다. 효주의 엄마와 통화하며 나는 아이의 모습을 전했다.

"효주는 집중력도 좋고, 수업 시간에 적극적으로 참여해요. 노트 필기도 꼼꼼하고, 사회과목을 특히 좋아해요. 관련 책을 스스로 찾아보기도 하고요. 정말 기특한 아이예요."

효주 엄마는 예상과 다른 반응을 보였다.

"선생님, 효주를 너무 좋게만 보신 것 같아요. 효주한테 단점도 얼마나 많은데요. 정리 정돈도 안 되고 덜렁대고 꼼꼼하지 못해요."

순간, 내가 칭찬한 것이 불편하게 들렸을까 걱정되었다. 혹시나 마음을 상하게 한 부분이 있나 싶어 머릿속으로 효주의 모습을 떠올렸다. 효주는 분명 칭찬받을 만한 아이였다. 하지만 엄마가 이런 반응을 보이는 것에는 분명 이유가 있으리라 생각했다. 집에서 정리 정돈을 잘 하지 않아 혼이 난 것일까. 효주 엄마 관점에서 이제 중학생이 다 돼 가는데 더 잘했으면 하는 자식에 대한 걱정으로 그런 것일까. 여러 가지 생각이 들었다. 다음 날 효주 엄마가 말한 그 단점이 있는지 살펴보았다. 정리 정돈도 다른 친구만큼 하고 자신의 물건도 잘 챙기고 책상과 사물함이 깨끗했다. 나무랄 데는 없어 보였다. 내가 칭찬한 부분도 다시 살펴보았다. 내가 본 그대로였다. 하지만 엄마가 보기에, 중학생이 될 아이에게 야무짐과 정리 습관이 더 필요하다고 느꼈을지도 모른다. 부모의 입장에서 보면, 아이의 장점도 중요하지만, 앞으로 더 나아져야 할 부분이 먼저 보일 수도 있기 때문이다.

아이들은 어른들처럼 자신을 객관적으로 평가하기 어렵다. 그래서 부모와 교사의 시선이 아이들에게는 자신을 바라보는 기준이 되기도 한다. 엄마가 내 아이는 말을 잘 듣지 않고, 거짓말하며, 못난이라고 매일 이야기 한다면 아이는 그것밖에 안 되는 사람이 된다. 반면에 내 자식이 가장 예쁘고 누가 뭐라 해도 자식을 믿어 준다면 잠깐 실수하거나 잘못할 수도 있지만 엄마가 바라보는 눈과 같은 아이가 되기 위해 노력한다. "넌 왜 이렇게 정리를 못 하니?", "넌 정말 산만해서 큰일이야." 이런 말을 자주 들으면, 아이는 자신을 그런 사람이라고 받아들이게 된다. 반대로, "우리 효주는 참 열심히 하는구나!", "네가 이렇게 노력하는 모습이 정말 멋지다." 이런 말을 들으면, 아이도 그런 모습이 되려고 노력하게 된다.

'피그말리온 효과'는 교육심리학에 나오는 용어이다. 교사의 기대에 따라 학생의 지능과 성적에 실제로 긍정적인 영향을 준다는 실험 결과에서 비롯되었다. 사람의 기대와 믿음이 현실이 된다는 사실은 교실에서 매일 확인할 수 있다. 교실에서 아이들에게 반복적으로 주의를 주는 것보다 칭찬하는 것이 더 효과가 있다. 바라는 행동을 한 한 명의 학생을 공개적으로 칭찬하면 비슷한 행동을 하는 학생들이 많아진다. 교사가 아이들을 믿고 지지하는 태도를 보일 때, 아이들도 그 기대에 부응하기 위해 노력한다. '라벨 효과'도 이와 관련 있다. 자신이 원하는 바를 상대에게 직접적으로 언급하여 그런 사람인 것처럼 말한다는 것이다. 상품에 라벨을 붙이는 것처럼 "너는 친절해 보이는구나." 하고 말하는 것이다. 불친절한 사람도 은연중에 그런 행동을 하게 된다는 심리학 용어이다. 부모의 말 한마디가 아이의 자신감을 키울 수도, 혹은 움츠러들게 만들 수도 있다. 부모의 기대와 믿음 속에서, 아이는 자기 능력 이상을 해낼 수 있다. 그 모든 변화는 결국, 부모가 아이를 바라보는 따뜻한 시선에서부터 시작된다.

너희 엄마는 누구니?

 이 넓은 우주에 혜성처럼 나타난 혜성이는 2학년 담임일 때 만난 남자아이다. 이 아이로 말할 것 같으면 개인적으로나 공식적으로나 학교 드라마에 등장하는 모범 학생의 대표 인물이다. 모범 학생은 뭐든지 열심히 하고 친구들과도 잘 지내며 예의 바르고 성실한 아이다. 드라마의 제목은 '너희 엄마는 누구니?'이다. 이 아이를 만나고 학부모 상담만을 기다렸다. 보통 학부모 상담을 앞두고 대체로 질문 순서를 메모해 본다. 첫 번째 질문은 항상 "우리 ○○이는 가정에서는 어떤 아이인가요?"라고 물으며 이야기를 시작한다. 엄마가 생각하는 아이의 이야기를 들어야 방향을 잡고 상담을 시작할 수 있다. 만난 지 얼마 안 됐기에 아이들 정보가 필요하다. 하지만 해성이의 학부모 상담 질문 리스트의 첫 시작은 '도대체 어떻게 키우셨어요?'라는 질문을 맨 위에 박아 두었다. 이 질문의 답을 꼭 들어야 했다.

예비 엄마로서 자식을 잘 키우고 싶은 마음이 컸다. 교실에서 아이들을 만나면서 '내 아이는 어떤 아일까?', '어떻게 키워야 할까?'라는 생각들을 참 많이 했다. 해성이는 나의 미래 자녀상에 반짝 등장한 모델이었다. 자식은 내 마음대로 되지 않는다고 한다. 타고난 유전자는 나무뿌리처럼 박혀 있어서 해성이와 똑같은 아이는 될 수 없지만 부모는 아이가 비실비실하게 크기보다는 단단하고 굵고 곧게는 자랄 수 있게 도와주고 싶다. 뻗어 나가는 가지가 드넓은 푸른 하늘을 향해 전진했으면 좋겠고 그 나뭇잎은 코팅된 것같이 반짝거리며 태양 빛을 오롯이 받길 원한다. 해성이 학부모 상담 때 그 중요한 질문에 대한 대답을 들었고 그 대답은 부모 교육이나 학부모 상담 때 클라이맥스에 던지는 메시지가 되었다. 이 대답은 내가 자녀를 키울 때 늘 가지고 있는 공식이기도 하다.

잔잔한 미소를 머금고 있는 해성이는 세상을 해탈한 스님 같았다. 고작 2학년이었다. 자그마한 체구에 까무잡잡한 피부색을 가졌다. 다부진 입과 작은 눈을 가졌는데 한번 웃으면 바뀌는 초승달 눈을 보면 껌뻑 넘어갔다. 해성이 엄마는 단정한 긴 원피스를 입고 아무나 하지 못하는 청순의 상징 반묶음 머리를 하고 학교에 오셨다. 그 당시 우리 학교는 학교 도서관 사서 선생님이 안 계셨다. 신청한 학부모들이 돌아가면서 도서 도우미로 활동을 했다. 해성이 엄마도 참여했다. 해성이 엄마가 오시는 날에는 점심시간, 도서관에 온 아이들에게 책을 읽어 주셨다. 해성이 엄마의 책 읽어 주기를 듣고 온 우리 반 아이들은 교실 문을 열자마자 나를 쳐다보면서 손뼉을 치며 감탄했다. 반 아이들에게 그림책을 한 권씩 매일 읽어 주는 선생님으로 자부심을 가지고 있는 나는 위기의식을 느꼈다. 해성이 엄마는 구연동화를 오래 하셨고 공공기관에서 강의도 하신다고 했다. 얼마나 재미있게 읽어 주셨을까. 경쟁 상대도 되지 못했다. 해성이 엄마가 도서관에 오는 날에는 도서관을 등지고 사는 아이들까지도 몰려갔다.

'가족의 달' 5월을 맞아 가족의 고마움을 느낄 수 있도록 심성 수업을 준비했다. 교사 커뮤니티에 공유된 내용을 보고 부모의 보살핌과 사랑이 너무나 당연한 아이들에게 꼭 해 주고 싶었다. 스토리텔링으로 시작했다. 교실 불을 끄고 텔레비전 화면을 켰다. 슬픈 음악과 함께 파도가 거세게 치고 있었다. 미간에 힘을 주고 이야기를 시작했다. 아이들은 마치 재난 영화의 주인공처럼 두려움에 떨었다. 점점 이야기 속으로 빨려 들어갔다. 육지에 쓰나미가 몰려와 어쩔 수 없이 배를 타고 항해를 해야 하는 상황이다. 작은 배에는 사람이든 물건이든 10개만 가지고 갈 수 있다. 아이들은 붙임딱지 10개에 가지고 가고 싶은 10가지를 생각해서 종이에 적어 내려갔다. 숨소리만 겨우 들리는 교실에서 한 여자 아이의 울먹이는 소리가 들렸다. 이 소리는 슬픔 바이러스로 퍼졌고 아이들의 숨소리는 흐느낌으로 바뀌었다. 대부분은 가장 먼저 가족의 이름을 적었고 생명을 유지하기 위한 물건들을 그다음으로 적었다. 10가지의 사람과 물건을 배에 싣고 항해를 하다 점점 기름이 떨어져 배의 무게를 줄여야 한다. 책상 바닥으로 하나씩 종이를 버려야 한다. 아이들은 물건 이름이 적힌 종이부터 버리기 시작했다. 천둥소리, 빗소리가 계속 들리면서 이제는 가족까지 버려야 하는 상황이 왔다. 아이들은 가족을 한 명씩 버릴 때마다 "으악!" 하며 머리를 쥐어뜯었고 '꼭 버려야 하나요?' 하는 눈빛으로 나를 쳐다보았다. 드디어 남은 한 장. 배경 음악을 중단시켰다. 아이들의 마지막 남은 한 장을 알아볼 시간이다. 한 명씩 돌아가면서 남은 한 장을 발표하고 그 이유를 말하게 했다. 올해 가장 몰입도가 강한 수업이어서 나를 소름 돋게 하는 대답이 나올 거라 기대했다. 기대는 기대일 뿐, 아이들은 아이들이었다. 모두 '엄마'라 적었고 그 이유는 더 기대를 저버리지 않았다. '키워 주셔서요.'라는 백 점짜리 대답을 했다. 그나마 창의적인 아이는 '먹여 주셔서요.', 좀 더 구체적인 대답은 '입혀 주셔서요.'였다. 하지만 해성이의 대답은 달랐다.

"선생님, 저는 동생을 남겨 두려고요."

나와 다른 아이들은 모두 놀라는 표정이었다. 동생을 좋아해서 그런 대답을 하나 싶었다.

"동생은 수영을 못 해서요. 엄마와 아빠는 어른이니까 수영을 해서 살아남을 수 있을 것 같은데 동생은 바로 죽을 것 같아요."

모두를 구할 수 없으니, 사랑하는 가족을 살릴 수 있는 가장 현명한 방법을 선택했다.

2학년은 눈치 없고 자기중심적인 1학년에서 갓 탈피한 병아리 중에 우두머리다. 하루에 수도 없이 일어나는 작은 다툼에서 눈이 뒤집히는 싸움까지 폭죽이 터지는 교실에서 해성이의 태도는 돋보였다. 반 친구 둘이 '네가 먼저 했잖아!' 레퍼토리를 반복할 때, 해성이는 조용히 듣고 있다가 차분히 이야기했다.

"둘 다 속상할 수 있어. 하지만 서로 잘못했다고 우기면 해결되지 않아."

친구들 다툼에 잘 끼어들지 않는 편이지만 해성이도 답답했는지 가끔 이렇게 중재자로 나서기도 했다. 이때 해성이의 표정을 잊을 수 없다. 친구들을 귀엽다는 듯이 쳐다본다. 나와 눈이 마주치면 반달 모양 눈웃음으로 '참 귀엽죠?' 하는 느낌의 메시지를 전한다. 해성이는 친구들과 다툼이 단 한 번도 없었다. 아직 눈치 없는 병아리라도 건드려도 되는 친구인지 아닌지에 대한 눈치는 백 단이다.

그렇다고 내가 아이들을 차별적인 눈으로 바라보는 것은 아니다. 아이들이 내게 온 확률은 로또 확률보다도 낮다. 그렇게 만난 아이들이 선생님 아니라 '우리 선생님'이라고 불러 주면 가슴에서 뜨거운 것이 끓어오른다. 아이들은 저마다 살아온 환경과 타고난 성향으로 규칙이라는 높고도 낮은 벽에 부딪히며 머릿속에 흐트러져 있는 성운 같은 정보를 모아 삶을 나름의 방식대로 정의하면서 살아가고 있다. 이 힘든 일을 어찌 됐든 헤쳐 나가고 있으니 얼마나 기특한가. 해성이는 그중 한 아이이면서 늘 차분하고, 어떤 일이든 최선을 다하며 미소를 잃지 않는 아이다. 이런 아이는 어떤 환경과 부모 안에서 자랐는지 궁금했다.

 학부모 상담 주간이 되었고 드디어 해성이 엄마와 마주 앉은 시간이 왔다. 해성이 엄마가 오면 꼭 물어보고 싶었던 딱 하나의 문장 '도대체, 어떻게 키우셨어요?'에 관한 대답을 꼭 듣고 말겠다. 해성이 엄마가 교실에 들어와 앉자마자 마구 흔들어 놓았던 콜라병의 뚜껑이 터지면서 쌓아 둔 칭찬 이산화탄소가 폭발했다. 해성이 엄마는 감사하다 하시며 내게 그 공을 돌렸다. 그런 해성이 엄마 얼굴에서 해성이가 보였다. 드디어 내가 하고 싶었던 질문을 던졌다. 해성이 엄마는 특별한 게 없다고 했다. 해성이의 태도, 말투, 배려…. 그건 꾸준하고 깊이 있는 양육에서만 나올 수 있는 것이었다. 꼭 그 비책을 들어야 했기에 끈질기게 질문했다. 해성이 엄마는 마지못해 그 해답을 들려주었다.
 "저는 항상 아이들 뒤에 있으려고 노력해요. 앞에서 이끌지 않고요."
 정말 이 말만 들을 수 있었다. 기다리던 '비법'치고는 너무 평범한 말이었다. 그렇게 기다리던 대답이 고작, 육아서에 나와 있는 누구나 다 아는 말이었다. 생각해 보면 우리는 무의식적으로 아이들이 미숙하다고 여기고 앞장서서 진두지휘한다. 앞에서 이끌고, 방향을 정하고, 속도까지 조절하며 아이를 끌고 간다.

　해성이 엄마는 그걸 하지 않았다. 그 어렵고도 당연한 원칙을 지켜 낸 것이다. 엄마라는 사람들은 그 원칙을 지키는 일이 세상 무엇보다 힘든데 말이다.

　수업 시간에 엄마와 아빠를 소개하는 시간이 있었다. 해성이는 엄마를 이렇게 소개했다. "우리 엄마는 늘 친절하세요." 이 말을 곱씹어 보면 엄마로서 정말 듣기 힘든 말이다. 딸아이에게 매일 친절하게 대해 주고도 한 번 야단치면 "우리 엄마는 화를 잘 내."라고 말한다. 얼마나 친절해야 자식에게 저런 말을 들을 수 있을까. 해성이의 이 말과 해성이 엄마의 대답이 머릿속에 교차되면서 더 이상의 해성이 양육 방법에 대한 대답은 필요하지 않았다. 엄마가 된 나는, 아이가 크면 저런 대답을 들을 수 있을까 생각해 본다. 자신이 없다. 언제나 아이를 내가 원하는 방향으로 이끌고, 아이에 대한 공감보다는 내 속부터 풀어야 했다. 아직 기회는 있다. 오늘도 노력한다.

　'우리 엄마는 친절해요.'라는 말을 들을 수 있게.

잘린 머리카락의
진실

 1학년 담임 때 일이다. 수빈이는 눈이 크고 짙은 눈썹에 얼굴이 작았다. 항상 예쁜 옷을 입고 다녔고 엄마가 매일 정성스럽게 머리도 묶어 주셨다. 그때 우리 학교는 도시에서 조금 벗어난 시골 작은 학교였다. 이런 학교 1학년은 수업이 끝나면 한두 명 빼고는 돌봄 교실에 참여한다. 반면에 큰 학교에서는 인원수가 많아 맞벌이나 다자녀 등의 조건이 되어야 하고 돌봄 교실보다는 학원으로 향하는 경우가 많다. 수빈이는 돌봄을 하지 않고 수업 마치자마자 엄마가 데리러 왔다. 발레, 수학, 미술 학원 등, 우리 반에서 사교육을 많이 하는 편이었다.

수빈이 엄마와는 통화를 자주 했다. 수빈이가 돌봄 교실에 신청하지 않았기 때문에 하교 시간도 신경을 써야 했다. 자주 통화하다 보니 자연스럽게 친근한 느낌이 들었다. 수빈이 엄마는 나와 이야기할 때 항상 예의 바르고 조심스러운 태도를 보였다. 오히려 나는 그런 엄마를 편하게 해 드리고 싶었다. 아마도 이런 관계 때문에 학부모 상담에서도 더 편안하게 대화를 나누고 싶었는지도 모른다. 나는 고민 없이 있는 그대로의 모습을 이야기해 주며, 수빈이가 학교에서 잘 적응할 수 있도록 적극적으로 도움을 주고 싶었다. 상담 때, 수빈이가 학기 초보다 밝아지고 목소리도 커져서 다행이라 전했다. 입학하고는 수업 시간에 멍한 모습이 많이 보이고 질문에 대답하지 못하고 머뭇거렸다. 2학기가 되면서 소곤대는 목소리로나마 대답을 하기 시작했고, 학교생활에도 적극적으로 참여하는 모습이 보였다. 그래서 2학기 상담에서는 이 이야기와 함께 학교생활을 열심히 하고 있으며 아이들에게 친절하고 마음씨가 착하다고도 칭찬했다. 그런데 학습적인 부분에서 한 가지, 조금 더 신경을 써야 할 부분이 있었다. 수빈이의 수학 연산 속도가 또래 친구들에 비해 느린 편이었다. 1학년 때부터 연산 속도가 느리면 고학년이 되었을 때 수학에 대한 부담으로 이어질 수 있다. 그래서 조심스럽게 말을 꺼냈다.

"어머님, 수빈이가 수학 연산 연습을 조금 더 꾸준히 하면 좋을 것 같아요."

그러자 수빈이 어머님은 예상보다 놀란 듯 당황한 기색을 보이셨다. 집에서도 매일 아이의 학습을 봐 주신다고 했기에 수빈이의 상황을 이미 알고 계실 거라 생각했다.

"수빈이가 지금 많이 부족하다는 말씀인가요?"

나는 순간 말을 멈췄다. 솔직히 말하면 수빈이는 기본 더하기도 느린 편이었다.

"아, 그런 의미는 아니고요. 제 경험상 여학생들이 남학생들보다 수학 연산에 어려움을 겪는 경우가 많아서요. 미리 신경 써 주시면 더 좋을 것 같다는 의미예요."

연산이 부족한 것이 사실이었지만, 사실대로 말하지 못했다. 수빈이가 부족한 게 맞는데 부족하다는 말은 도저히 할 수 없었다. 수빈이 엄마의 반응에 솔직히 대답했다가는 '지금까지 뭐 하셨냐?' 하는 이야기를 들을 것 같았다. 교사로서 아이들에게 최선을 다하는 사람으로서 오해받고 싶지 않았다. 마음이 무거웠다. 지금도 담임 선생님의 신분을 벗고 수빈이 엄마를 만난다면 수빈이의 수학에 대한 솔직한 의견과 해결 방안에 대해 논의하고 싶은 심정이다. 누군가는 내게 학부모 상담 능력이 부족하다고 할 수도 있고 누군가는 수빈이 엄마에게 교사라면 솔직하게 이야기해야 하지 않냐고 비난할 수도 있다. 내 능력이 부족하다면 교사도 완벽한 인간이 아니기에 성장하고 노력하고 있음을 말하고 싶다. 끊임없이 고민하고, 성장 중이다. 학부모 상담도 마찬가지다. 어떤 말이 부모에게 더 도움이 될지, 어떤 표현이 아이에게 더 좋은 영향을 미칠지, 늘 고민하고 있다.

2학기 중반 무렵, 수빈이는 정말 활달해졌다. 수업 시간에는 여전히 조용하고 때때로 멍하니 생각에 잠긴 듯한 모습도 보였지만, 쉬는 시간에는 친구들과 깔깔거리며 이야기하고, 불편한 친구가 있으면 먼저 도와주는 배려심도 보였다. 누가 봐도 착실한 아이였다. 그런데 어느 날, 예상치 못한 일이 벌어졌다. 수빈이 엄마에게 다급한 전화가 걸려 왔다.

"선생님, 수빈이 앞머리 머리카락이 잘려 왔어요. 누가 괴롭히는 것 같아요. 당장 누군지 밝혀 주세요!"

어머니의 목소리는 떨리고 있었다. 상황을 파악해 보겠다고 말씀드렸지만, 잠시 후 다시 전화가 걸려 왔다.

"지금 당장 학교로 가겠습니다!"

그리고 전화를 끊으셨다. 아이들을 모두 하교시킨 상태여서 아는 것이 하나도 없었고 알아볼 수도 없는 상황이었다. 돌봄 선생님과 보건 선생님께 물어봐도 모르는 일이라고 했다. 이 상황에 관한 이야기는 화가 나 달려오신 수빈이 엄마에게 들어야 했다. 잠시 후, 수빈이 엄마가 학교로 오셨다. 평소 차분하고 예의 바른 모습이던 수빈이 엄마는 걱정과 분노가 뒤섞인 표정이었다. 아이의 머리카락이 잘려 왔으니 부모 입장에서 얼마나 당황스럽고 속이 상했을까. 수빈이 엄마는 전화 통화 내용을 반복하시며 "어떻게 이런 일이 생길 수 있나요!" 하며 속상해했다. 우선 수빈이 엄마의 마음을 진정시키고 말했다.

"내일 아이들이 등교하면 상황을 꼼꼼히 파악해 보겠습니다."

이러한 상황에서는 사실을 확인하는 것이 가장 중요했다. 걱정되는 마음은 충분히 이해했지만, 정확한 상황을 알지 못한 채 성급한 판단을 내릴 수는 없었다.

더 큰 일은 저녁에 벌어졌다. 갑자기 은희 엄마에게 전화가 왔다. 은희는 반장이다. 은희 엄마의 목소리는 다소 격양된 상태였다.

"선생님, 방금 수빈이 어머니께 전화가 왔는데요. 은희가 수빈이 머리카락을 자른 게 아니냐고 하시면서 굉장히 화를 내셨어요. 은희는 그런 적이 없다고 하는데, 이게 도대체 무슨 일인가요?"

차근히 이야기를 들어 보니, 수빈이가 집에서 잘린 머리카락에 관한 엄마의 질문에 대답하지 않았고 누구와 있었냐는 질문에 은희와 함께 있었다고 한 것 같았다. 그 말을 들은 수빈이 엄마는 곧바로 은희 엄마에게 전화를 걸어 사건의 당사자로 은희를 의심했던 것이었다.

"내일 학교에서 아이들과 이야기를 나눈 뒤, 정확한 상황을 파악해 보겠습니다."라고 말씀드렸다. 이날 밤, 나는 한동안 잠을 이루지 못했다. 부모님들은 당황과 걱정 속에 감정이 격해져 있었고, 아직 사실 관계는 명확하지 않은 상태였다. 정황상, 수빈이와 은희가 함께 화장실에 있었던 것은 맞다. 하지만 지금까지 두 아이의 관계를 보았을 때, 괴롭힘이나 고의적인 행동일 가능성은 낮아 보였다.

다음 날 은희부터 조용히 불러 어제 일에 대해 아는지 물어보았다. 은희는 당황한 기색 없이 차분하게 대답했다.

"네, 저랑 같이 화장실에 갔어요. 그런데 수빈이가 혼자 머리카락을 잘랐어요."

나는 은희가 거짓말을 하는 것 같았다. 조금 뒤, 수빈이를 따로 불렀다.

"수빈아, 어제 일에 대해 선생님에게 솔직하게 말해 줄 수 있을까? 선생님만 알고 있을게."

수빈이는 잠시 망설였다.

"정말요?"

그 순간, 수빈이의 눈동자가 흔들리는 것이 보였다. 이제야 진실을 알 수 있을 것 같았다. 조심스럽게 다독이며 기다렸다. 잠시 후, 수빈이가 작게 입을 열었다.

"사실은… 제가 잘랐어요. 자르고 싶어서요."

"그럼, 은희는?"

"제가 같이 가자고 했어요."

수빈이는 은희처럼 앞머리를 자르고 싶었지만, 엄마가 허락하지 않으셨다고 했다. 그래서 혼자서 머리카락을 잘랐고, 집에 돌아갔을 때 엄마가 놀라 다그치며 물으시자 솔직하게 말하지 못했던 것이었다.

수빈이 엄마의 마음이 이해되면서도 안타까웠다. 수빈이가 스스로 머리카락을 자른 일이었는데 은희에게 화살이 갔다. 은희 엄마는 수빈이 엄마의 전화로 딸을 의심하고 혼내기까지 했다. 아이 머리카락이 잘려 왔으니, 수빈이 엄마는 놀랄 수도 있다. 아이의 머리카락이 갑자기 잘려 있었다면 어느 부모라도 놀라고 걱정할 수밖에 없을 것이다. 하지만 평소에 수빈이의 속마음을 더 편안하게 나눌 수 있었다면, 수빈이가 엄마에게 좀 더 솔직하게 말할 수 있지 않았을까 하는 생각도 들었다. 이 일에서 내가 은희를 믿지 못한 일이 참 미안했다. 우리 반 아이를 가장 믿어 주어야 하는 것이 담임 선생님인데 말이다. 무의식중에 가지고 있던 아이에 대한 편견이 나를 그렇게 만들었다. 지금까지 은희가 거짓말을 한 적은 없다. 야무진 반장에 인정욕구가 강하다. 친구들에게 때로는 차갑고 주도하는 성격이다. 내가 어렸을 때 이런 아이였다. 선생님에게 안 좋은 인상을 줄까 봐 때로는 거짓말을 한 적도 있었다. 은희가 꼭 내 어린 시절의 나와 비슷했다. 그래서 은희를 있는 그대로 받아들이지 않았다. 나의 편견으로 아이를 의심했다.

이 일은 어른이 아이의 이야기를 귀담아들어 주지 않고, 믿지 못해 생긴 일이다. 아이가 어떤 말과 행동을 하더라도 믿어 주고 진심으로 들어 주어야 한다. 설령 어제 거짓말을 했더라도, 오늘 그 아이를 의심해서는 안 된다. 아이도 자신을 믿어 주는 사람에게 앞에서는 함부로 하지 못한다. 이제 나는 어떤 일이 있어도 아이를 믿어 주는 어른이 되기로 다짐했다. 실수하거나 순간적으로 잘못된 선택을 하더라도, 그 아이를 끝까지 믿어 주는 어른이 곁에 있다면 아이들은 스스로 되돌아보고 더 바른길을 찾아갈 수 있다. 아이들은 지금, 이 순간에도 자라고 있다. 그 성장은 느릴 수도 있고, 삐걱거리기도 하지만 그 순간들을 있는 그대로 받아 주고, 가능성을 믿어 주는 어른이 아이에게는 가장 큰 울타리가 된다. 오늘도 아이를 믿어 주는 어른으로 살아가고 싶다. 그 믿음이 아이의 내일을 바꾼다는 것을 이제는 알기에.

이놈 시끼!
선생님, 혼 좀 내 주세요

 2학년 새 학기 첫날, 정장을 차려입은 키 작은 남자아이가 앉아 있었다. 머리는 빠글빠글, 뭘 발랐는지 광이 났다. 이 남자아이는 첫날부터 눈에 들어왔다. 옷을 멋지게 입고 와서가 아니라, 말이 너무 많아서였다. 첫날은 서먹하기도 하고 서로를 탐색하느라 조용한데 윤이는 그렇지 않았다. 아이들과 종이접기를 했다. 모두 묵묵히 종이접기를 하는데 윤이가 이야기를 시작했다.

 "선생님, 저는 종이접기를 정말 싫어해요. 엄마가 어릴 때부터 종이접기를 시켜서 지금은 책 보고 다 만들 수 있어요. 공룡, 곤충, 물고기 어려운 것도 다 접어요. 지금 접는 것도 예전에 해 봤어요. 그런데 선생님, 매미 접을 줄 아세요? 그거 진짜 어려워요. 한 시간은 걸려요."

당황했다. 수업 시간인데 나와 둘이 있는 것처럼 이야기했다. 23명의 아이는 윤이의 사생활을 수업 중에 듣고 있어야 했다. 보통은 선생님에게 이렇게 자신의 과거사까지 줄줄 이야기하지 않는다. 모두가 조용한데 혼자 계속 말을 하는 건 안 되지만 한편으로 자유롭고 허용적이며 활발한 분위기의 수업이 될 수도 있다. 그 이야기가 종이접기에 관련된 것이니까. 다만 수업 시간 윤이의 자유분방한 말들은 조금 걱정이 되었다.

유난히 수업이 매끄럽고 나도 아이들도 즐거운 수업 시간이었다. 이런 날은 습관처럼 아이들에게 물어본다. 내게는 보상 같은 것이기 때문이다.

"여러분, 이번 시간 재밌었지요?"

"네."

모두 합창하듯이 대답한다. 그 속에는 재미없었지만, 선생님의 기분을 맞춰 주려고 그냥 대답한 친구도 있을 것이고 정말 재밌었던 친구들도 있을 것이다. 이때 불협화음이 발생했다. "지겨웠어요." 윤이가 큰 소리로 대답했다. 윤이가 눈치가 없어서라기보다는 자신은 정말 지겨웠다는 표현이다. 윤이의 이런 솔직함은 아이들의 속을 알 수 있는 기회도 된다. 하지만 "네!" 하고 대답하면 재미가 없었어도 긍정적인 부분에 집중할 수 있다는 장점도 있기에 분위기를 따라가는 것도 필요하다.

점심시간, 운동장에서 우리 반 친구들이 싸우고 있다는 소식을 듣고 달려 나갔다. 윤이와 민준이었다. 윤이는 울고 있었고 민준이는 얼굴이 발개져 있었다. 이야기를 들어 보니 윤이가 민준이랑 점심 먹고 난 후 공놀이를 하기로 했는데 민준이가 그걸 잊어버리고 놀이터에서 도둑잡기 놀이를 하고 있었다고 한다. 윤이가 공놀이를 하자고 하니 민준이가 하기 싫다고 했다는 것이다. 속상할 만하다. 하지만 아이들의 관계에서 보면 이번 일은 울 만한 사건은 못 된다. 이 정도는 아이들끼리 해결하거나 나중에 다시 친해지는 경우들이 많다. 윤이라서 울고 있었고, 아이들은 울고 있으니 선생님에게 알린 것이었다. 윤이는 이렇게 자주 운다. 조금이라도 억울하거나 자기가 피해를 보았다고 생각하면 주저앉아 소리를 내며 운다. 이럴 때는 윤이 엄마에게 전화를 해서 알려 드린다. 그러면 윤이 엄마는 이유도 묻지 않고 화통하게 이야기한다. "또 울었어요? 으이구! 이놈 자식! 선생님 혼 좀 내 주세요." 나는 윤이 엄마랑 통화하면 편하고 유쾌

하다. 이런 윤이 엄마에게 윤이에 관한 이야기를 있는 그대로 자세하게 알려 드렸다.

  토요일 오전, 딸아이를 데리고 소아과에 갔다. 독감이 유행이라 소아과는 사람들도 많고 대기도 길었다. 갑자기 주사실에서 괴성이 들려왔다. 처음에는 싸움이 났나 싶었다. 가만히 들어 보니 엄마가 아이에게 지르는 소리였다. "가만히! 좀! 앉아라!"라는 말 같았는데 사실 무슨 말인지 모를 정도의 고함이었다. 아무리 그래도 아이에게 이렇게 소리를 지르는 엄마가 이상하게 느껴졌다. 잠시 뒤, 주사실에서 아이와 엄마가 나왔다. 윤이와 윤이 엄마였다. 윤이는 울고 있었고 윤이 엄마는 한숨을 쉬며 이마의 땀을 닦고 있었다. 윤이 엄마와 나는 눈이 마주쳤고 인사를 나누었다. 담임 선생님이 있는 줄 모르고 소리를 고래고래 지른 윤이 엄마가 당황할까 봐 아무렇지 않게 윤이에게 물었다.
  "윤이 왜 울었어?"
  "주사를 하도 안 맞으려고 해서, 겨우 맞았네요. 주사 한 번 맞으려면 식겁해요."
  윤이 엄마는 큰일을 치른 듯했다. 독감 예방주사 하나 맞는데 아이도 엄마도 이렇게 힘들다니, 안쓰러운 마음이 들었다. 학부모 상담에서 이야기했던 윤이의 고집이 어떤 건지 알 수 있었다.

  2학기쯤에는 그래도 일주일에 한 번쯤으로 울음이 줄고, 학기 말에는 한 달에 한 번 정도로 그런 행동이 거의 사라졌다. 윤이도 컸나 보다. 윤이는 말이 많고 고집이 세다는 것 외에 다른 특별한 문제가 있는 건 아니었다. 말이 많은 것은 상황에 따라 가려 말하는 방법을 배우면 되고 고집이 세다는 것은 커 가면서 조절될 수 있는 일이다. 그것을 꺾기보다는 마음을 알아 주는 것이 우선이었다. 이렇게 윤이가 좋아질 수 있었던 것은 윤이 엄마와의 소통이었다. 윤이 엄마는 나에게 윤이 성격 때문에 힘들었던 이야기까지 다 해 줄 정도로 나를 믿었다. 그런 윤이에 대해 같이 고민하면서 윤이의 행동만을 보지 않고 마음을 알아 주려는 시도를 함께 했다.

  우리는 아이가 학교에 가서 친구와 잘 지내고 선생님께 칭찬받고 별일 없이 잘 지냈으면 한다. 나도 마찬가지이다. 네 살 딸을 어린이집에 보내고 2시쯤 알림장이 온다. 알림장에 누구와 다투었다거나, 블록을 던졌다거나 하는 글이 적혀 있으면 신경이 쓰인다. 하원할 때 어린이집 선생님에게 아이의 행동에 대한 걱정과 선생님께 죄송함을 표현한다. 선생님은 늘 괜찮다면서 아이들 다 그렇게 크는 거라며 안심시킨다. 맞는 말이지만, 며칠은 신경이 쓰인다. 이런 일이 있을 때 윤이 엄마가 생각난다. 윤이 엄마는 윤이가 학교에서 어떤 일이 있어도 걱정보다는 '이놈 자식!' 하며 나와 같은 편이 되어 이야기한다. 같은 편이라는 것은 윤이의 성장을 함께 기다리고 응원하는 동지 같은 것이다. 하지만 나는 내 아이의 선생님을 가르치고 평가하는 사람으로만 여기고 내 자식은 내가 챙긴다는 태도였다. 윤이 엄마처럼 선생님께 잘 보이기보다는 선생님을 믿는 마음이 아이를 성장시키는 데 도움이 된다. 윤이 엄마가 나에게 많은 이야기를 해주며 고민도 털어놓으니 나도 윤이의 잦은 문제 행동에 당황하지 않았다. 윤이의 마음을 더 가까이 보려 하고 행동을 억지로 고치기보다는 윤이의 성격을 고려해 여유를 가지고 도와줄 수 있었다.

윤이 엄마처럼 '이놈 시끼! 혼내 주세요.'라는 말을 담임 선생님께 하라는 것이 아니다. 그건 윤이 엄마의 성격이다. 학교가 우리 아이를 평가하는 곳이라 생각하지 않았으면 한다. 아이가 부딪히고, 실수하고, 경험하는 그 모든 순간이 자람의 기회였다. 조금 서툴고 미숙한 행동 하나하나에 온 신경을 쓰기보다는, 그 경험 속에서 아이가 한 뼘 더 자랄 수 있도록 믿고 응원해 줘야 한다고 생각했다. 담임은 아이의 성장을 지켜보고 응원해 줄 사람이다. 담임은 우리 아이의 성장을 가장 가까이에서 지켜보고 있는 사람이다. 어떤 담임을 만나더라도 '담임과 나는 한 팀이다.'라는 마음으로 함께해야 한다. 아이에 대해서 솔직하고 허심탄회하게 이야기를 나누다 보면 걱정은 절반으로 줄고, 엄마의 마음에도 여유가 생길 것이다.

형편이 어려운 엄마,
영재 자식을 키우는 방법

"선생님, 오늘 과학 수업 있는 거 맞죠?"

과학 수업이 있는 날 아침, 수성이는 이렇게 인사했다. '안녕하세요.'라고 해야 한다는 것쯤은 알고 있는 수성이다.

"과학실 가는 거 맞죠?"

바로 다음 질문이다. 이렇게 기대하는 수성이에게 아니라는 말은 절대 못 한다. 실험이 없는 날에도 우리 반은 과학실에 가서 공부했다. 이것은 수성이 때문만은 아니었다. 반 아이들도 교실 이동 자체는 좋아하기 때문이다. 과학실에 들어가는 순간, 수성이의 작은 눈에는 힘이 들어갔다. 선생님의 설명을 한마디도 놓치지 않으려고 애쓴다. 과학 실험을 하는 수성이의 눈빛과 태도를 보면 커서 과학 관련 분야에서 앞서가는 인재가 되어 있을 것 같았다.

국어 시간, 수성이는 고개를 푹 숙이고 있었다. 학교생활을 열심히 하는 수성이가 수업에 집중하지 못하고 딴짓하는 일은 드물다. 가까이 가 보니 《Why?》 책 중 '로봇'을 보고 있었다. 국어 시간에 과학 책이라니 얼마나 과학을 좋아했으면. 주의를 주니 급하게 책을 가방에 넣었다. 친구들은 수성이와 대화하면 못 알아듣겠다는 말을 자주 했다. 과학 이야기를 좋아하고 어려운 용어도 많이 알기에 친구들이 어려워하는 건 당연했다. 5학년이라 학교에서 하는 과학 영재 학급 신청서를 반 아이들에게 배부했다. 경쟁이 치열하지 않지만, 시험과 면접을 봐서 합격해야 한다. 어느 날, 수성이 엄마에게서 전화가 왔다.

"선생님, 수성이가 영재 학급에 신청하고 싶어 해요. 이거 해도 되는 거예요?"

신청하라고 배부한 가정통신문이다. 수성이 엄마는 뭐가 문제가 될까. 이야기를 들어 보니, 수성이 엄마는 영재 학급 시험을 도와줄 수 없다고 했다. 주변에서는 시험, 면접을 위해 학원에 다닌다는데, 수성이는 가정 형편상 학원에 보내기 어렵다고 했다. 집에서 도와주고 싶어도 능력이 되지 않는다며 걱정했다.

"어머님, 수성이는 과학책도 많이 읽고 아는 것도 많으니, 혼자 할 수 있을 거예요. 시험과 면접은 과학에 얼마나 흥미가 있는지, 아이가 영재 수업을 잘 받을 수 있는지를 알아보기 위함이니 수성이가 하고 싶다면 신청하세요. 시험, 면접도 경험이니까요."

안도하는 수성이 엄마의 숨소리가 들렸다. 이후, 수성이는 영재 학급에 합격했고 교육지원청 부설 영재교육원에 들어가 우수한 성적으로 수료했다.

학부모 상담을 위해 교실에 들어온 수성이 엄마는 두 손을 모으고 몸을 조금 숙인 채로 교실에 들어오셨다. 웃을 때는 덧니가 보였고 도수가 높은 안경을 끼고 있었다. 조금 떨리는 목소리로 수성이의 학교생활에 관해 물어보셨다. 수성이는 수업 시간에 적극적이며 친구들과도 잘 지낸다고 말씀드렸다. 굳어 있던 인상이 조금은 풀렸다. 수성이 엄마는 가정형편에 대해 말씀하셨다.

"선생님, 집안 사정상 학원에 보내기 어렵고 집에 책과 장난감이 거의 없었어요. 뒷바라지를 잘 못해 주는 것 같아 항상 미안해요."

수성이 엄마는 자신이 수성이에게 해 준 게 없다며 속상해하셨다. 수성이 엄마의 걱정에 비하면 수성이는 정말 잘 크고 있었다. 아는 것도 많고 똑똑한 수성이가 자라 온 환경과 교육 방법이 궁금했다. 저녁에는 수성이와 여동생 둘과 식탁에 앉아서 공부를 봐준다고 했다. 학년이 올라가면서 자신이 봐 줄 수 있는 부분이 점점 줄어든다며 고민했다. 과학을 좋아하는 수성이를 위해 도서관에 자주 간다고 했다. 5학년이 되도록 지금까지 집에 텔레비전이 없었고 학원 한 번 다니지 않았다고 했다. 수성이 엄마 자신은 공부를 많이 하지 않아서 아이들에게 많은 도움이 되지 못한다는 말 다음의 한마디가 기억에 남는다.

"제가 할 수 있는 것은 스스로 할 수 있는 힘을 길러 주는 방법밖에 없는 것 같아요."

요즘 사교육 시장에는 자기주도학습을 위한 학원도 있다. 스스로 공부하는 능력을 돈 주고 기르는 시대다. 별로 하는 것이 없었던 수성이는 도서관에서 흥미를 찾았고 책을 보며 과학에 관심을 가졌다고 한다. 요즘은 아이가 과학에 흥미가 있다면 과학 학원을 찾기 시작한다. 학원에 갈 수 없었던 수성이는 그나마 할 수 있었던 학교 과학 수업 시간이 최고의 시간이었다. 영재 학급도 과학을 공부할 수 있어서 들어가고 싶었던 것이다. 어쩔 수 없는 환경이 수성이의 숨은 잠재력을 깨운 것이다.

교실에서 친구들과도 잘 지내고 있었다. 점심을 먹고 난 후 아이들은 운동장에서 놀고 있었다. 교실에 있었던 나는 교실 밖에서 큰소리로 나를 부르며 달려오는 소리를 들었다.

"선생님, 수성이랑 준영이가 싸워요."

바로 달려 나갔다. 준영이는 주저앉아서 울고 있었고 수성이는 서서 씩씩대고 있었다. 준영이는 우리 반에서 가장 장난꾸러기이다. 준영이는 자신의 장난을 좋아하는 남자 친구들과는 잘 지냈지만 그렇지 않은 아이들도 있었다. 수성이는 준영이와 친하지 않았다. 준영이는 한 친구와 축구공을 가지고 주고받으면서 놀고 있었고 수성이는 놀이터에 있었다. 준영이와 축구를 하던 친구가 잠시 화장실에 간 사이 준영이가 심심했던 모양이다. 준영이는 다른 곳을 쳐다보고 있던 수성이의 엉덩이를 축구공으로 맞춘 것이다. 수성이는 놀랐고 준영이에게 하지 말라고 했지만 준영이는 "할 건데!" 하며 약을 올렸다고 했다. 이번 일이 처음은 아니었다. 가만히 있는 수성이에게 준영이가 장난을 쳐서 싫다는 말을 내게 한 적이 있었고 준영이에게 주의를 준 적도 있었다. 수성이는 달려가서 준영이의 어깨를 주먹으로 치며 "하지 말라고!" 하며 소리를 쳤다고 했다.

준영이는 수성이를 공으로 쳤고, 수성이는 준영이를 주먹으로 때렸다. 방과 후, 준영이 엄마에게 먼저 전화를 해서 오늘 일에 대해 알려 드렸다. 준영이 엄마는 내게 수성이 엄마와 수성이가 함께 집에 와서 사과하고 갔다고 했다. 수성이 엄마와 준영이 엄마는 이미 알고 있는 사이이고 같은 아파트에 살고 있었기에 오늘 학교에 있었던 일도 이미 알고 계셨다. 수성이 엄마에게 전화를 걸었더니 그대로 말씀하셨다.

"어머님, 준영이가 먼저 장난친 건데, 직접 가서 사과까지 하셨어요?"

"선생님, 수성이가 주먹으로 때렸잖아요. 제가 직접 가서 사과하는 모습을 보여야 앞으로 안 할 거 같아서요."

어머니는 말로만 가르치지 않고 행동으로 직접 보여 주셨다. 수성이는 이날을 기억하며 폭력은 절대 해서는 안 된다는 것을 깨달았을 것이다.

넉넉하지 않은 형편이라 수성이 엄마는 아이를 학원에 보낼 수 없었다. 좋다는 책도, 값비싼 교구도 집에 없었다. 대신, 엄마는 수성이와 도서관에 자주 갔다. 아이가 책을 고르고 읽는 그 짧은 순간조차도 귀하게 여겼다. 말로 가르치기보다, 몸으로 보여 주는 삶의 태도로 수성이를 키워 냈다.

'아이에게 무엇을 해 주었느냐'보다, '아이 앞에서 어떤 모습을 보여 주었느냐'가 더 중요하다는 걸 수성이 엄마는 알고 있었다. 학원 하나 없이도, 수성이는 성실하게 학교생활을 했고, 자신이 좋아하는 것을 찾아내 스스로의 길을 만들어 가고 있다. 부족한 환경은 아이를 주저앉게 하지 않았고, 오히려 스스로 설 수 있는 힘을 길러 주었다. 아이에게 가장 필요한 건 엄마가 해 주는 수많은 것이 아니라, 내 편이 되어 주는 한 사람, 가장 가까운 어른의 단단한 시선이다. 아이는 결국 매일 바라보는 어른의 등을 따라 자란다. 그 등이 따뜻하고, 성실하고, 단단하다면 아이는 언젠가 스스로를 믿고 앞으로 걸어갈 수 있다. 수성이의 걸음이 그렇듯이.

자식을 제대로
본다는 것

 1학년 민재는 밤톨같이 귀여웠다. 빡빡머리에 키가 작고 통통했다. 눈동자는 칠흑같이 까맣고 속눈썹은 길었다. 같은 반 친구들은 민재가 귀엽다고 난리였다. 머리를 쓰다듬기도 하고 나에게 귀엽다며 입을 모아 이야기해 주기도 했다. 1학년 말, 민재는 외톨이가 되었다.

 입학하고 3주가 흘렀다. '내 얼굴 그리기'를 주제로 수업했다. 얼굴 크기의 두껍고 동그란 도화지를 나눠 주고 거울에 비친 내 얼굴을 보고 그리게 했다. 교실에 하나 있는 큰 벽걸이 거울을 칠판 앞에 세워 두고 자유롭게 얼굴을 보러 나오게 했다. 몇 명이 나오기 시작하더니 줄이 순식간에 길어졌다. 평소에 거울로 내 모습을 자주 봤을 텐데, 생전 처음 보는 마법 거울이 앞에 있는 듯 줄을 서서 기다리고 있었다. 고개를 옆으로 빼서 거울 앞에 서 있는 친구의 뒷모습을 호기심 있게 쳐다보기도 했다. 민재도 장난기 가득한 얼굴로 줄을 서서 거울에 비친 자기 얼굴을 한참 보고 들어갔다. 동그란 도화지가 내 얼굴이라 생각하고 사인펜과 색연필을 이용해 열심히 그려 나갔다. 부채처럼 나무젓가락을 붙인 후 얼굴에 대고 짝과 이야기를 나누는 시간을 가졌다. 민재와 짝이 된 아이가 큰 소리로 말했다.

"선생님, 민재는 얼굴을 안 그렸어요."

민재는 알 수 없는 그림을 그렸다. 네모, 세모 모양이 여러 개 그려져 있었고 선을 무시하고 모두 파란색으로 색칠이 되어 있었다. 민재에게 무엇을 그린 거냐고 물어보았다.

"우리 아빠 트럭이에요. 우리 아빠는 트럭을 운전해요."

민재는 더듬거리며 말했다. 나와의 대화가 부끄러운 듯, 내 눈을 쳐다보지는 않았다. 자기 얼굴을 그리는 시간인데 아빠 트럭을 그린 부분은 걱정스러웠다. 하지만 이제 한 달도 안 된 1학년이지 않은가. 너무 성급하게 아이를 판단하지 말자고 생각했다. 아이들이 그린 얼굴을 보니 문득 미술 심리 검사가 떠올랐다. 그림은 아이들의 심리를 나타낸다고 한다. 남자아이 중에는 한쪽 눈을 다른 색으로 그린 친구가 있었다. 자신의 한쪽 눈이 피곤하면 옆으로 돌아가는 사시 증상이 있어 그 부분이 늘 신경 쓰이고 걱정되어 그런 그림을 그린 것이었다. 민재의 그림도 그냥 지나치면 안 되겠다는 생각이 들었고 민재의 활동지를 따로 모으기 시작했다.

민재는 1학기 동안 수업을 곧잘 따라왔다. 불러 주는 한글을 정확히 쓸 줄 알았고 1에서 50까지 배우는 1학년 1학기 수학도 잘 따라왔다. 맞춤법을 많이 틀리는 시기인데도 꽤 정확했다. 하지만 수업 시간에 멍하게 있기도 했고 주제와 다른 이야기를 하기도 했다. 시간이 흐를수록 민재 곁에는 친구가 아무도 없었다. 민재는 친구와 잘 놀지 못했다. 놀이를 이어가지 않고 딴소리나 엉뚱한 행동을 했다. 분명 민재에게 어떤 문제가 있어 보였다.

2학기 학부모 상담 시기가 되었다. 대부분 엄마가 학교에 온다. 민재는 아빠가 왔다. 엄마가 외국인이라서 한국말이 서툴기 때문이다. 민재 아빠는 유리병으로 된 과일 음료수 상자를 들고 오셨다. 김영란법이 생긴 이후로는 커피 한 잔도 받지 않는 분위기이다. 인사를 여러 번 하시면서 조심스럽게 교실로 들어오셨다. 겪어 보진 않았지만, 선생님 그림

자도 밟지 않았던 옛날 그 시절 부모님의 모습을 보는 듯했다. 앉자마자 민재 아빠는 민재의 역사와 걱정을 뒤섞어 이야기하기 시작했다. 민재가 처음 다녔던 유치원에서 선생님이 검사를 받아 보라고 말씀하셨다고 했다. 그때 선생님의 마음을 이해하면서도 원망하셨다. 그리고 옮긴 두 번째 유치원 선생님은 민재를 보고 아무 문제 없으니 걱정 말라고 좋은 선생님으로 평가하셨다. 순간, 나는 갈림길에 섰다. 민재를 위해 직언을 해야 할지, 아직 1학년이니 잘할 거라며 좋은 선생님으로 남을지, 고민했다.

지금까지 모은 민재의 활동지나 작품들을 보여 드렸다. 1학기 초에 했던 '내 얼굴 그리기'에 트럭을 그린 그림을 보여 드리면서 주제와 맞지 않은 다른 작품도 보여 드렸다. 민재 아빠도 집에서 주제와 벗어난 이야기를 한다고 하셨다. 2학기인데도 덧셈과 뺄셈은 손가락을 세며 계산했다. 한글은 맞춤법에 맞게 잘 썼다. 하지만 친구들과 대화를 이어 가는 거나 규칙이 있는 놀이는 하지 못했다. 민재에 대한 걱정스러움은 최대한 민재가 직접 그린 작품, 교과서, 활동지를 보여 드리며 말씀드렸다. 하지만 민재 아빠는 1학년이니 더 지켜보고 싶어 했다.

선선한 가을쯤 되니 1학년 아이들도 부쩍 컸다. 얼굴도 넙데데해졌고 키도 컸다. 하지만 민재는 그대로다. 코를 자주 흘렸고 얼굴과 옷에 무언가가 묻어 있는 경우가 많았다. 1학기 초, 민재가 귀엽다던 여자 친구들의 말은 쏙 들어갔다. 민재는 옷매무새를 스스로 정돈하지 못했다. 옷깃이 말려 들어가 있어 빼 준 적도 많았고 화장실 갔다 오면서 티셔츠를 반밖에 넣지 않아 알려 준 적도 많았다. 옷의 단정함과 청결은 1학년에서 배워야 할 기본 생활 습관이기에 민재에게 여러 번 알려 주고 연습도 시켰다. 1학년 수학의 하이라이트 받아 올림이 있는 한 자릿수 덧셈에 들어갔다. 두 수의 합이 10이 되는 수를 공부하고 본격적인 받아 올림 연습에 들어가게 된다. 10을 만들고 남은 수가 일의 자리가 되는 이 받아 올림 덧셈은 여러 번의 사고 과정을 거쳐야 한다. 민재는 합이 10이 되는 수까지만 찾을 수 있었다. 딱 거기에서 머물렀다. 10이 넘는 수를 답으로 구해야 할 경우에는 동그라미를 그려 셀 수밖에 없었다.

 어느 날 갑자기 민재 친할머니께서 전화로 상담 요청을 하셨다. 민재 할머니는 타 먹는 율무차 한 봉지를 가지고 오셨다. 빈손으로 올 수가 없었다며 수줍게 내미셨다. 할머니는 앉자마자 눈물을 보이셨고 긴 시간 동안 민재의 부모, 살아온 환경에 관해 이야기해 주셨다. 할머니는 민재가 무엇인가 부족하다고 느끼셨고 그걸 나에게 확인하러 오셨다. 할머니와 나는 톱니바퀴 맞추듯 민재의 행동, 학습, 지능 등에 관한 의견을 맞춰 나갔다. 할머니는 민재 부모의 안일한 태도가 답답하다고 하시며 어떻게든 돕고 싶다고 하셨다. 할머니는 발달 센터부터 등록하셨고 소아 정신건강 의학과에 예약했다. 민재의 지능과 의사소통 능력, 사회성 등 모든 부분에서 4세 이하 수준이 나왔고 나는 특수반 선생님께 조언을 구했다. 특수반 선생님은 특수교육 대상자 등록을 추천하셨다. 며칠 후, 할머니만 도움반으로 상담을 오셨다. 민재는 1학년 말, 아이들과 어울리지 못했고 학력 격차는 더 벌어졌다. 정말 안타까운 것은 부모는 여전히 인정하지 못하고 할머니만 발을 동동거리셨다는 것이다.

민재는 2학년이 되었고, 특수교육 대상자가 되었다. 하지만 학급에서 모든 수업을 받았고 도움반 수업에 들어가지 않았다. 단 몇 시간이라도 도움반에 가서 민재에게 맞는 수업이 시급한데도 여전히 반에 있었다. 민재 부모보다 담임과 반 친구들이 민재에 대해 더 잘 알지 않을까 생각했다. 민재가 특수반에 가서 수업을 듣고 온다 해서 뭐라 이야기할 사람은 아무도 없다. 부모만 자식을 인정하지 못하는 것이다. 부모가 조금만 빨리 자식의 상태를 받아들이고 주변의 소리에 귀를 기울였다면 민재가 지금보다는 나았을 것이다. 민재 아버지가 준 음료수 상자와 할머님이 주신 율무차 한 봉지를 받은 것이 아직도 후회되는 것은 민재에게 아무것도 해 준 것이 없다는 생각이 들어서이다. 자식을 바라보는 부모의 눈은 너무 높아도, 너무 낮아도 안 된다. 너무 높으면, 아이는 숨이 차다. 너무 낮으면, 아이는 그 자리에 머무른다. 있는 그대로의 아이를 바라보는 눈이 필요하다. 있는 그대로 인정할 때, 아이는 비로소 자신의 속도로 걸어갈 수 있다.

우리 아이는
경계선에 있어요

한 학년에 한 반밖에 없는 6학급 작은 학교의 1학년 담임 때 일이다. 시내에서 떨어진 외곽지에 있는 학교이고 그 지역에 주소지가 있다면 누구나 입학할 수 있었다. 시내까지 통학버스가 오고 갔다. 1학년 중에, 걸어서 학교에 다니는 아이는 두 명, 차를 타고 20분 정도 걸리는 거리에서 오는 아이는 여섯 명, 우리 반은 총 여덟 명이었다. 멀리서 오는 아이들은 저마다 이유가 있었다. 자연 속에서 다양한 체험을 할 수 있고 소규모 학급이라 가족 같은 분위기를 보고 오는 학생이 있는가 하면, 어떤 이유로 큰 학교 적응이 어려울 것 같아 오는 학생도 있다. 대부분은 둘 중의 하나였다. 이 중 로운이는 후자에 속했다.

여덟 명의 입학식은 조촐하지만, 의미가 있었다. 큰 학교에서는 입학생 대표가 나와 전체 학생을 대신한다면 우리는 여덟 명뿐이라 모두가 주인공이 되었다. 한 명씩 나와서 직접 인사도 하고 교장 선생님께 선물도 받았다. 1학년 교실로 이동하여 반 행사를 진행하고 운동장에 나가 소원 풍선을 하늘로 날리면서 입학식은 끝났다. 입학식이 끝나고 나를 따로 만나고 싶어 하는 학부모는 로운이 엄마였다. 풍선을 날릴 때도 바로 내 옆에 있었다. 두 손을 비비면서 시린 손을 달래며 발을 동동거리셨다. 행사가 끝나자마자 로운이 엄마는 내게 말을 걸었다.

"선생님, 로운이가 좀 느린 것 같아서 병원에 가면 항상 경계선에 있어요."

입학식에서는 눈에 띄지 않았다. 교실에서 함께 생활해 봐야 알 것 같았다. 로운이 엄마는 아이가 평범하게 학교에만 다니면 좋겠다고 말씀하셨다. 반 인원이 적고 아직 1학년이니 괜찮을 거라 말씀드렸다. 지난 시간 고민이 많았을 것 같은 로운이 엄마의 걱정을 덜어 드리고 싶었다. 사실 내게 로운이를 받아들일지, 말지에 관한 선택 권한은 없다. 우리 학교에 입학했고 아이에게 심각한 문제가 있어도 함께 헤쳐 나가야 하는 일이다. 로운이 엄마는 내 손을 잡으며 지금까지 고민하고 걱정했던 부분이 한순간에 사라진 것 같은 표정으로 인사했다. 로운이 엄마는 아이의 학교생활을 걱정하기보다는 담임이 로운이를 평범하게 받아 줄 것인지에 대해 걱정했던 것이었다. '로운이를 만나 봐야 알겠어요.'라는 말은 할 수 없다. 이미 우리 반에 왔고 내가 안고 가야 하는 내 새끼가 되었기 때문이다.

"로운아, 여기 봐야지!"

하루에도 수십 번 로운이와 눈을 맞추기 위해 이름을 불렀다. 로운이는 열에 세 번쯤은 고개를 숙인 채 옆눈으로 올려다보았다. 눈에 힘이 풀려 있었고 이마는 주름져 있었다. 로운이는 수업에 참여하지 못했다. 딴 세상 사람 같았다. 수업에 참여시키기 위해 발표를 시키고 로운이가 흥미 있어 할 만한 소재와 방법을 찾아보기도 했다. 자료도 직접 만들었다. 하지만 로운이는 시도조차 하지 않았다. 로운이를 위한 나의 계획과 실행은 입학하고 2주 만에 끝이 났다. 책상에만 앉아 있게 하자는 목표를 다시 세웠다. 로운이는 다행히 책상에는 잘 앉아 있었다. 하지만 책상에 앉아 있으면 늘 자동차를 만들었다. 도화지에 자동차 두 개를 똑같이 그리고 오려서 종이로 중간을 여러 번 연결하여 입체 자동차를 만드는 것이다. 매일 똑같은 자동차를 만드는 로운이에게 변화를 주고 싶어서 자동차에 색깔을 칠하게 하거나 색종이를 찢어 붙이게 했다. 혼자서는 잘 하지 않았고 내가 같이 하면 그나마 몇 번 시도해 보았다. 쉬는 시간은 로운이와 함께 시간을 보낼 때가 많았다.

특수교육에 대해 특별히 공부한 적이 없었던 나는 도서관에 가서 로운이에게 도움을 줄 수 있는 책들을 빌려 읽기 시작했다. 읽으면 읽을수록 내가 할 수 있는 일이 아니라는 생각이 들었다. 로운이의 모든 생활에 관여해야 하고 따로 학습자료를 만들어야 했다. 로운이에게 중요한 것은 수업에 참여하는 것이 아니라 앞으로도 학교에 와서 친구들과 함께 하루 일과를 도움 없이 보내는 것이다. 로운이 엄마도 특별한 교육을 바라고 보낸 것은 아니니 말이다. 로운이에게 무엇인가를 가르치기보다는 등교 후 가방 정리, 수업 시간에 의자에 앉기, 쉬는 시간에 화장실 가기 등과 같은 일상을 점검해 보았다.

로운이 엄마는 알림장에 매일 그날 저녁의 로운이 모습에 관해 적어 보내셨다. 마지막에는 짧게 감사하다는 말이나 나에 대한 응원과 염려도 적어 보내셨다. 이 글들은 내가 로운이를 이해하는 데 도움이 되었고 로운이와의 하루를 가볍게 해 주었다. 그리고 로운이에게 무엇인가 해 주어야 한다는 부담감보다는 로운이를 있는 그대로 바라볼 수 있게 도와주었다. 나도 로운이가 한 말과 행동, 발전하고 있는 모습들에 대해서 상세히 적어 보냈다. "어머님, 오늘은 로운이가 아침에 교실 문을 열자마자 큰 소리로 인사했어요. 가방도 제자리에 걸었고요. 한참 앉아 있었어요. 북한말과 우리말에 대해 구분하는 게임에 참여하여 틀리게 했지만 재밌어했어요. 오늘은 다른 날과 다르게 신이 나 보입니다. 자동차에 색종이를 찢어 붙이자고 하니 잘 따라 했어요." 우리는 이렇게 서로 글을 주고받으면서 가끔 보이는 로운이의 발전적인 행동이나 말에 기쁨을 나누었다.

이런 학부모와의 소통은 로운이 엄마가 처음이자 마지막이었다. 1년의 긴 시간 동안 거의 매일 알림장으로 편지를 주고받는 일은 쉽진 않았다. 쉬는 시간 틈틈이 적기도 했다. 어떨 때는 하나의 업무처럼 느껴지기도 했다. 이 일을 지속할 수 있었던 것에는 두 가지 이유가 있었다. 로운이를 지도하는 것이 능력 밖의 일이라 생각했고, 내가 할 수 있는 일은 로운이를 관찰하여 엄마에게 알려 주는 것이 최선이라 생각했다. 또 한 가지 이유는 로운이 엄마의 정성 때문이었다. 로운이 엄마가 이렇게 내게 로운이에 대해 상세히 알려 주니 나도 자연스럽게 관찰하게 되었다. 엄마가 보지 못하는 교실에서의 로운이 모습을 알려 드리고 싶었다. 이렇게 주고받는 편지는 아이를 같은 시선에서 바라볼 수 있었다. 로운이 엄마와 나는 한편이 된 것 같았다. 로운이 엄마는 자식이 경계선 지능이라고 해서 숨기거나 감추지 않았다. 늘 학교 행사에 적극적으로 참여했다. 반 대표 엄마를 하면서 같은 반 친구 엄마들과도 모임을 주선하며 친분을 쌓았다. 이런 엄마의 참여는 아이들에게도 긍정적으로 다가왔는지 로운이를 소외시키거나 나쁘게 대하지 않았다.

장애가 있는 아이를 학교에 보내는 마음은 보통 엄마와는 다를 것이다. 하지만 로운이도 우리 교실의 한 구성원이고 교사도 친구들도 있는 그대로 받아들이고 함께해야 한다. 아이들은 서로 똑같은 구석이 하나도 없다. 생김새와 성격과 능력이 모두 다르다. 로운이도 이 다름 중에 하나를 가진 것이다. 학교는 아이를 바르게 성장시키는 곳이다. 이 목적을 상실한다면 학교가 있을 이유가 없다. 로운이 엄마처럼 숨기려고 하지 말고 있는 그대로를 보여 준다면 모두가 아이의 성장을 도울 것이다.

보이지 않는 엄마의 가르침

3년의 육아 휴직을 다 쓴 내게 동서가 말했다.

"형님, 휴직 다 쓰면 어떡해요. 주변에 교사인 엄마들은 1학년 때 쓴다고 남겨 뒀다는데요. 입학하고 챙겨 줘야 할 게 많다잖아요."

이런 이야기를 다른 사람에게도 여러 번 들었다. 아이가 일찍 마쳐서 그런 거라면 방과 후 프로그램이나 돌봄에 참여하면 된다. 1학년 담임을 여러 번 하면서 학부모에게 신경을 많이 써 달라고 한 적은 단 한 번도 없다. 생각보다 아이들은 빨리 적응한다. 입학 다음 날부터 친구들과 어울려 놀기 시작한다. 담임 선생님께 학교생활에 대한 모든 것을 하나하나 상세히 배운다. 화장실 사용법, 줄서기, 교실 이동 방법, 인사법, 걷는 방법 등과 수업 시간에 앉는 방법, 책을 펴는 방법, 물건 정리 방법, 친구에게 물건을 건네는 방법도 배운다. 특별한 문제가 없는 이상 모두가 잘 따라온다. 숙제도 내 주지 않는다. 다만, 입학생이라 학기 초에 가정통신문이 많이 나간다. 확인하고 써 내야 한다. 이것뿐이다. 저녁에 가방 챙기는 일을 도와주는 것쯤은 휴직을 하지 않아도 되는 일이다.

"선생님, 재형이는 연필을 안 가지고 왔어요."

재형이 짝이 수업 시간에 큰 소리로 말했다. 1학교 교실에서만 들리는 눈치 없는 솔직한 고자질이다. 재형이는 눈을 끔뻑이며 나와 짝을 번갈아 쳐다보았다. 재형이의 귀가 빨개지고 있었다.

"재형아, 이거 가져다 쓰렴."

다른 말 없이, 재형이에게 연필을 빌려 주었다.

반 아이들은 재형이가 연필을 가지러 나갔다 들어오는 모습을 지켜보았다. 학교 짬밥이 좀 되면 친구에게 슬쩍 빌리거나 조용히 선생님께 빌려 간다. 친구의 일을 내 일보다 먼저 선생님께 알리는 1학년이다. 재형이는 다음 날, 그다음 날에도 필통을 가지고 오지 않았다. 부모님이 저녁에 아이를 챙겨 주지 못할 정도로 바쁘신가. 집에 무슨 일이 있나. 재형이에게 따로 말했다.

"재형아, 필통은 꼭 챙겨 와야 한다. 재형이가 챙겨야 하는 거야."

그다음 날부터는 챙겨 오기 시작했다. 학부모 상담이 다가왔고 재형이 엄마를 만났다. 재형이에 관해 이야기하다가 필통을 안 가지고 온 일에 관한 이야기가 나왔다.

"선생님, 일부러 챙겨 주지 않았어요."

재형이 엄마는 매일 책상 위 한가운데 연필깎이만 올려놓았다고 했다. 7세 가을부터 스스로 챙기는 연습을 했는데 습관이 잘 잡히지 않았다며 안 가지고 갔을 때의 불편함을 겪어 보라는 엄마의 의도가 있었다.

"선생님, 이거 신청하는 거예요?"

하교 전, 반 아이들에게 가정통신문을 여러 장 나눠 주었다. 재형이는 가정통신문을 보고 적어 내야 하는 것인지 다시 확인하러 나왔다. 재형이 엄마는 필통뿐만 아니라 가정통신문을 챙기는 일도 재형이가 스스로 하게 했다. 1학년 엄마들은 직접 아이 가방에서 꺼내 적어 투명 파일에 끼워 가방에 넣어 준다. 다음 날 아이들은 선생님이 내라고 하면 무엇이 있는지도 모르고 투명 파일에 있는 것을 통째로 내놓는다. 재형이 엄마는 한글을 읽을 수 있는 재형이가 필요하면 직접 엄마에게 부탁하게 했다. 이렇게 되면 가정통신문을 배부할 때 선생님의 설명을 듣고 잘 기억해야 하며 가정통신문 맨 위에 적혀 있는 '안심 알리미 신청서'와 같은 제목을 읽고 이해하는 시간이 필요하다. 재형이가 학기 초에 우유 급식 신청서를 맨 마지막에 겨우 낸 적도 있었다. 이것도 재형이가 학교생활을 하는 데 필요한 것을 스스로 파악할 수 있는 기회를 준 것이다. 재형이 엄마는 바빠서 아이를 돌보지 못한 것이 아니다. 연필깎이를 준비해 주고 가정통신문을 스스로 엄마에게 보여 줄 수 있도록 기회를 준 것이다.

"저녁에 가방을 스스로 챙기는 사람, 손 들어 보세요."

재형이는 손을 가장 먼저 힘 있게 들었다. 다음으로 몇몇 아이들이 손을 들었다. 스스로 하는 재형이를 칭찬해 주고 싶었다. 엄마의 의도를 알고 나서부터는 "오늘도 혼자 챙겼어?" 하며 자주 물어보았다.

부모는 입학하고 아이가 학교에 잘 다닐 수 있도록 다른 때보다 더 챙겨 준다. 인생에서 처음으로 학교라는 곳을 가는 아이들의 출발이 무난할 수 있도록 말이다. 그래서 육아 휴직을 초등학교 1학년 때를 위해 남겨 두어야 한다고 한다. 생각해 보면 우리는 스스로 모든 것을 해야 하는 학교에 가는데 유치원 때보다 더 열심히 챙긴다. 유치원에는 없는 특별한 무언가가 있다고 생각하는 것 같다. 사실 그렇지도 않은데 말이다.

퇴직을 2년 남겨 두고 있는 선생님께 자식을 키우는 데 가장 중요한 것이 무엇이라 생각하냐고 물어보았다.

"아까 다른 반 교실에서 '오늘도 행복하게, 내일도 행복하게'라는 문구를 보았어요. 그게 중요한 것 같아요. 아이에게 너무 욕심내지 말고 아이가 학교에서 행복하게 보낼 수 있게 응원하는 것이 좋은 것 같아요. 참, 한 가지 후회되는 것은 자립심, 독립심을 길러 주지 못한 거요. 스스로 할 기회를 많이 주지 못했어요. 아이 챙긴다고 내가 대신 해 준 경우가 많았거든요."

나를 포함한 부모는 아이들을 너무 많이 챙겨 준다. 아이에 대한 사랑과 챙김을 동일시하기도 한다. 바쁜 엄마는 미안함으로 아이들이 직접 해야 할 일들을 대신해 준다. 하지만 부모가 직접 챙겨 줄수록 아이는 스스로 할 기회를 잃게 된다. 나는 딸아이에게 거의 모든 것을 해 주고 있었다. 밥을 먹는 일, 옷을 입히고, 세수시키고, 양치시키는 일들. 아이에게 이렇게 모두 해 주는데도 짜증을 부리고 나는 더 힘이 든다. 옷을 입자 해도 바로 와서 입은 적이 없고, 세수하러 화장실에 가자고 해도 말을 듣지 않았다. 한 가지라도 스스로 하는 습관을 기르기 위해 가방 챙기기부터 시도해 보았다. 현관 입구에 가방, 도시락, 물병을 펼쳐 두었다. 보자마자 아이는 "엄마, 이거 넣어야 해."하면서 스스로 넣었다. 처음 해 보는 일이기에 재미있다는 듯 도전했지만, 처음은 쉽지 않았다. 가방 지퍼를 여는 일부터 알려 줘야 했다. 지퍼 여는 모습과 도시락을 넣고 물병을 세워 넣는 방법을 알려 주니 수월하게 해냈다. 이날 이후부터 하루도 빠짐없이 스스로 챙기기 시작했다. 한동안 가방 챙기는 일만 스스로 하더니 세수도 양치도 스스로 하겠다며 화장실에 들어갔다. 아직 스스로 하지 않는다면 쉽고 작은 일 하나라도 시작해 보자.

학교에서 내가 만난 학습 태도가 좋은 아이들은 모든 것을 스스로 잘한다. 가정통신문, 숙제, 준비물을 빠트리고 온 적이 없다. 줄을 설 때도, 수업 중에도 늘 바른 자세를 유지한다. 이런 아이들의 학부모를 만나 보면 집에서도 아이 스스로 모든 것을 한다고 한다. 엄마의 이래라저래라 잔소리로 생활 태도가 잡힌 것이 아니었다. 아이가 스스로 하게 되었고 그것이 습관으로 잡힌 것이다. 학교는 모든 것을 혼자 해내야 하는 곳이다. 너무 많이 챙겨 주지 말자. 학교에서 준비물을 안 챙겨 왔다고 구박하거나 혼내는 선생님은 없다. 학교는 경험과 도전과 실패를 반복하며 성장하는 곳이다. 아이가 스스로 준비물을 준비하고 숙제를 해서 칭찬받으면 아이의 성취가 되고 아이가 하지 않아서 겪는 불편함도 아이 몫이어야 한다. 그것이 성장의 발판이 된다.

5장

후회 없는 초등학교 생활

아이는 작은 ○○가 쌓일수록 도전을 두려워하지 않는다

"또 졸라맨! 졸라맨은 안 돼."

여름 방학 동안 가장 즐거웠던 일에 관해 그림 그리기를 했다. 매번 사람을 졸라맨으로 그리는 아이가 있었다. 이럴 때면 사람을 줄이 아닌 상자 모양을 뼈대로 하여 완성하는 방법을 알려 주곤 했다. 아이들은 가족과 바닷가에서 모래성을 쌓거나 수영하는 모습을 그리거나 물놀이장에서 미끄럼틀을 타는 모습과 같이 물놀이에 대해 주로 그렸다. 아이들은 바탕까지 열심히 색칠해서 칠판에 붙였다. 과제를 끝낸 아이들이 칠판 앞에 서서 그림을 보며 서로 경험담을 나누었다. 칠판에 아이들의 그림이 모두 걸리고 작품 발표를 시작했다. 아직 1학년인 아이들의 그림에 있는 사람들은 모두 서 있었다. 표정이나 배경에서 얼마나 재밌었는지를 알 수 있었다. 그림보다는 있었던 일을 떠올리며 자기 이야기를 신나게 하기 바쁘다. 사실 사람이 앉아서 무엇인가 하는 모습을 그리기는 어렵다. 고학년도 잘하지 못한다. 그림을 잘 그리는 아이들도 몸은 옆으로 잘도 그리는데 얼굴은 앞을 보기도 한다. 어떻게 그리든 주제에 맞게 표현하기만 하면 된다.

칠판에 걸린 그림 중에, 눈에 띄는 그림이 있었다. 사람은 없고 풍경만 있었다. 산에 갔다 온 것만 알 수 있는 이 그림에는 주제에 관한 생각은 없었다. 그림만 봐도 누구의 그림인지 알기에 재윤이에게 물었다.

"재윤아, 사람도 그려 넣으면 내용이 더 재밌어져."

재윤이는 사람 그리기를 가장 힘들어했다. 사람을 그릴 때면 얼굴과 귀가 빨개지고 머리를 쥐어뜯었다. 사람뿐만 아니라 그리는 것 자체를 좋아하지 않는다. 잘 못 그리기 때문이다. 내가 만난 대부분의 1학년 아이들은 그림을 거침없이 그린다. 그것이 졸라맨이든 캐릭터이든, 지렁이가 기어가도 그리기 시간을 좋아한다. 재윤이는 학습 면에서는 우수했다. 글씨체가 좋은 건 아니었지만 맞춤법을 거의 틀리지 않았다. 수학도 어려운 문제에 도전하는 것을 좋아했다.

풀어야 할 문제를 보면 눈이 초롱초롱했다. 이런 재윤이는 국어, 수학 시간을 쉬는 시간보다 더 즐거워했다. 쉬는 시간에는 내게 와서 오늘 배울 내용에 관해 물어보기도 했다. 기특하기도 했지만, 걱정도 되었다. 슬기로운 생활, 즐거운 생활, 바른 생활 수업 시간에 하는 놀이, 그리기, 만들기 시간은 좋아하지 않았다.

학부모 상담 주간에 재윤이 엄마를 만났다. 재윤이는 국어, 수학을 열심히 한다며 칭찬으로 대화를 시작했다. 엄마의 이야기를 들으니 어릴 때부터 이것저것 많이 가르쳐 왔다고 했다. 한글은 일찍이 뗐고 지금은 사자성어, 한자를 매일 공부한다고 했다.

"어머님, 재윤이가 통합 시간을 힘들어해요. 그리기, 만들기, 체육활동을 할 때 표정이 좋지 않고요."

재윤이 엄마도 재윤이가 자신이 잘하지 못하는 부분에서는 시도조차 하지 않으려고 한다며 걱정하고 있었다.

"선생님, 사실 제가 재윤이에게 너무 공부만 시키고 그리기, 운동에는 신경 쓰지 못했어요. 그래서 더욱 국어, 수학에만 집중한 것 같아요."

재윤이는 국어, 수학을 할 때는 칭찬을 자주 받았지만 자기가 못하는 부분에서는 격려도 받지 못한 듯했다. 그래서 이제는 잘 못하는 것은 아예 하지 않으려고 하는 것이다. 학교에서는 해야 하니 억지로 하긴 하지만 그 시간이 괴로운 것이다. 날랜 다른 남자 친구들과는 달리 몸이 둔한 재윤이는 체육 시간에 달리기 시합조차 하지 않으려고 했다. 점토 작품을 만드는 시간에도 다른 친구들은 울퉁불퉁할지언정 공룡이나 동물을 만드는데 재윤이는 매끈한 공 하나 달랑 만들었다.

아이들이 도전을 망설이고 실패를 두려워할 때, 항상 해 주는 이야기가 있다.

"세계에서 발명을 가장 많이 한 사람은 누굴까? 에디슨이야. 에디슨은 축전기를 만들기 위해 2만 번의 실험을 했어. 어느 날, 실험실을 찾은 한 방문객이 '얼마나 상심이 크십니까?'라고 말하니 에디슨은 '2만 번의 실패가 2만 번의 노하우를 주었으니, 실패가 아닙니다.'라고 했어. 실패는 안 좋은 것일까?"

"아니요! 실패를 해 봐야 성공도 할 수 있어요."

1학년들에게 실패는 좋은 것인지, 나쁜 것인지 물어보면 질문의 의도를 알고 반 이상의 아이들은 좋은 것이라고 말하지만, 몇몇 아이들은 속상하고 기분이 나빠서 나쁜 것이라고 말하기도 한다. 재윤이는 실패에 대한 두려움이 컸다.

재윤이는 자신이 하고 싶은 일에 스스로 도전하고 성취한 적이 별로 없어 보였다. 작은 성취들이 쌓여서 어려운 일에 도전할 자신감이 생기는 것인데 말이다. 아이를 훌륭하게 키운 선배 선생님이 사교육으로 고민하는 내게 해 준 이야기는 아이 교육에 대한 내 생각을 바꿔 주었다.

"어떤 사교육을 할지 고민할 필요 없어. 아이가 하고 싶어 하는 걸 시켜 주면 돼. 중요한 것은 아이가 하고 싶어서 하는 것에 작은 성취라도 경험할 수 있게 부모가 온 힘을 다하는 거야. 피아노를 배우고 싶다고 하면 좋은 선생님을 알아보고 아이가 잘 배울 수 있게 도와주고 대회도 나가게 해서 성취를 맛보게 해야 해. 그것이 쌓이면서 도전을 두려워하지 않는 아이가 되거든."

이 말을 듣고 머릿속의 온갖 고민이 한순간에 사라졌다. 어떤 학원에 보내야 하는지가 중요한 것이 아니었다. 아이를 발레 학원에 보내면서 힘들어도 포기하지 않고 열심히 해야 한다는 것을 가르치고 싶었다. 그래서 아이가 학원에 출석하는 것만 신경 썼다. 하기 싫다고 하면 어떻게 가게 할지 고민했다. '포기하면 어떡하지. 앞으로도 포기하는 아이가 되면 안 되는데.' 하는 생각만 앞섰다. 학원만 가게 하는 것이 아니라 아이를 다독여 작은 성취라도 맛보게 해야 했다. 작은 발표회가 있는지 확인하거나, 집에서 가족들을 초대해 지금까지 배운 발레 동작을 해 보게 한다든지 말이다. 한 시간의 수업이 끝나면 어떤 동작을 배웠는지 엄마에게도 가르쳐 달라며 아이 스스로 뿌듯함을 맛볼 수 있게 해야 했다.

  재윤이는 늘 엄마가 시키는 것만 해 왔다. 엄마가 체육이나 미술에는 큰 관심을 두지 않았지만, 아이라면 누구나 몸을 움직이고 그림을 그리는 걸 좋아한다. 엄마가 조금만 더 아이의 관심사에 귀 기울이고, 하고 싶은 것을 할 수 있게 도와주었다면 어땠을까. 아이는 그 속에서 작지만, 확실한 성취를 경험할 수 있었을 것이다. 그 작은 성취들이 하나둘 쌓이면서, '내가 해낼 수 있구나.' 하는 자신감이 생기고 그 자신감은 또 다른 도전으로 이어진다. 학창 시절, 부모가 도와줘야 하는 부분은 단순히 공부를 가르치고 성적을 올리는 일이 아니다. 실패를 두려워하지 않는 아이, 자신감이 가득한 아이로 자라도록 작은 성취의 경험을 선물하는 일이다. 국어, 수학보다 먼저 봐야 할 것은 아이가 지금 무엇을 좋아하는가이다. 그 좋아하는 것을 존중하고, 밀어주고, 응원해 줄 때 아이는 비로소 자기 삶의 주인으로 성장해 간다.

  '아이는 작은 성취가 쌓일수록 도전을 두려워하지 않는다.'

아이의 ○○를 충족시켜 주면
가지고 있던 능력을 발휘한다

매슬로의 욕구 이론에 대해 들어 본 적이 있을 것이다. 인간은 다섯 가지 욕구를 순차적으로 충족시킴에 따라 그다음 동기가 생겨난다는 것이다. 생리적 욕구, 안전의 욕구, 사회적 욕구, 자기 존중의 욕구, 자아실현의 욕구까지 다섯 단계로 이루어져 있다. 생리적 욕구는 먹고, 자고 입는 기본적인 생활에 대한 욕구이다. 안전의 욕구는 신체적으로 안전한 것을 말한다. 사회적 욕구는 집단에서 소외되지 않고 잘 지내는 것을 말한다. 이 세 가지의 욕구가 충족되면 그다음 자기 존중의 욕구가 생긴다고 한다. 이것은 자기와 타인으로부터 좋은 평가를 받고 싶어 하는 것이다. 마지막으로 자아실현의 욕구는 말 그대로 자기 잠재력을 실현하여 꿈을 이루고 싶어 하는 것이다. 우리는 아이가 자아실현의 욕구를 발현하기를 기대한다.

 학교에서 아이들을 보면 이 단계가 맞아떨어진다. 가정이 평안하고 부모의 안전한 돌봄을 받는 아이들은 생리적, 안전의 욕구가 충족되어 사회적 욕구를 실현하려고 노력한다. 즉, 아이가 집에 대한 걱정이 없어야 학교에서 즐겁게 생활한다. 생리적 욕구와 안전의 욕구는 가정에서 채워야 한다. 아이가 편안한 집에서 자고, 먹고, 입는 것이 이루어져야 한다. 굳이 좋은 것을 먹고 입지 않아도 된다. 그것이 아이의 욕구를 충족시키기만 하면 된다. 적절한 환경과 부모의 보살핌을 받고 있다면 안전의 욕구는 해결된다. 하지만 이 욕구들이 충족되지 못한 아이들은 안타깝게도 학교생활을 잘하지 못한다. 부모의 싸움이나 불안한 가정에 있는 아이들은 표정부터 밝지 않다. 편안한 가정의 아이들이 다음 욕구 단계인 사회적 욕구를 추구하게 된다.

 생리적 욕구와 안전의 욕구만 충족되어도 학교생활에 집중할 수 있다. 아이들은 선생님께 칭찬과 인정을 받고 싶어 한다. 하지만 사회적 욕구가 충족되지 않으면 선생님의 칭찬이 힘을 발휘하지 못할 때가 있다. 반에서 가장 친한 친구와 다툼이나 오해로 사이가 멀어지는 상황에서 아이는 마음이 편치 않다. 수업 시간에 집중도 잘 못한다. 쉬는 시간에도 고민에 빠져 있다. 친구 관계가 해결될 때까지 수업에 집중하지 못하는 아이들도 있다. 초등학생이 되면 또래 집단 속에서 소통하게 된다. 어떠한 이유로든 친구들 무리에서 소외되거나 잘 끼지 못한다면 아이들에게는 큰 고민거리가 된다. 친구들과 잘 지내고 그 사이에서 인정받고 즐거워야 다음 욕구인 자기 존중의 욕구가 생기는 것이다. 아이 성향에 따라 차이는 있을 수 있지만 선생님께 칭찬받고 학교생활을 열심히 할 수 있는 것은 친구와 별 탈 없이 잘 지낸 다음의 일이다.

 이 중요한 사회성의 바탕은 가정이다. "사랑받은 아이가 사랑을 줄 수 있다."라는 말을 들어 본 적이 있을 것이다. 가정에서 충분히 공감받고 존중받으면 사회에 나가 타인을 공감하고 존중할 수 있게 된다. 초등학교 저학년 때 친구 관계가 좋지 않은 아이들은 학교 적응이 어렵다. 아이에게 친구들과의 문제가 자주 생기고 잘 어울리지 못한다면 두고 볼 일이 아니다. 담임에게 상담을 요청하여 아이에게 도움을 주어야 한다. 아이의 태도가 잘못되었다면 고치도록 도와주고 친구들과 잘 지내는 방법을 가르칠 필요가 있다.

  친구들과 잘 지내고 선생님께 칭찬도 받으면 자기 존중의 욕구가 충족된다. 자기 존중의 욕구는 타인에게서 나온다. 칭찬과 격려가 있어야 한다. 부모를 포함한 주변 어른이 아이를 멍청하다고 나무란다면 아이는 스스로 그렇게 생각하게 된다. '아니야. 나는 멍청하지 않아. 더 노력해야지.' 하고 생각하는 아이가 몇 명이나 있을까. 나는 어릴 때 따로 학원에 다니거나 선행학습을 하지 않았다. 엄마는 늘 주변 사람들에게 공부를 곧잘 한다고 이야기했고 내가 정말 공부를 잘한다고 생각했다. 그 당시에는 시험이 있었는데, 모든 과목에서 90점 이상을 받으며 노력했다. 중학교, 고등학교에서 공부 방법을 몰라 허덕일 때도 있었지만 공부를 잘한다고 생각했기에 크게 엇나가지 않고 공부에 재미를 찾았다. 아이의 좋은 면을 바라보고 늘 긍정적으로 이야기해 준다면 충분히 채울 수 있다. 이것이 충족되고 나면 아이들은 마음껏 자신의 꿈을 키운다. 칭찬받고 있기에 나는 잘한다고 느끼고 뭐든 할 수 있다는 자신감도 생기는 것이다. 내가 교사가 될 수 있었던 것도 부모와 주변 사람들의 인정과 칭찬이 있었고 뭐든지 할 수 있다고 생각했기 때문에 재수와 교대 입학에 도전하고, 해낼 수 있었다.

우리는 아이를 잘 키우고 싶다. 친구들과도 잘 지냈으면 좋겠고 공부도 잘했으면 한다. 모든 부모는 자식에게 기대하는 바가 크다. 나도 마찬가지이다. 자식을 낳기 전부터 아이들을 관찰했다. 공부도 잘하고 뭐든지 스스로 잘하는 아이들을 보면 어떻게 키웠는지 궁금했다. 이런 아이들의 학부모를 만나 보면 참 가정이 편안하고 문제가 없다. 엄마가 명품 가방과 좋아 보이는 옷을 입고 있는 것이 아니다. 부모가 내세울 만한 직업을 가진 것도 아니다. 아이의 기본적인 생리적 욕구와 안전의 욕구가 기본적으로 채워져 있다. 아이와의 관계가 좋고 부부 사이에도 문제가 없어야 가정에서 이룰 수 있는 사회적 욕구가 충족되는 것이다. 이런 아이는 학교에서도 친구들과의 관계를 잘 유지한다. 부모에게서 존중받은 것처럼 친구를 존중해 줄 수 있는 것이다. 학교에서 안정적인 소속감을 느끼면 자기 존중과 자아실현을 시작할 수 있는 것이다.

부모는 어느 학원을 보내야 할지 고민하고 정보를 찾아 헤매기 전에, 앞서 말한 기본적인 욕구를 충족해 주자. 장애물이 없는 하얀 도화지에 자기 생각과 꿈을 마음껏 펼칠 수 있게 해 주는 것이다. 도화지에 얼룩이 있거나 구겨진 부분이 있다면 아이들은 마음이 편치 않다. 그리기 시작조차 하지 않을 수도 있다. 깨끗하고 큰 도화지를 아이들에게 주기 위해서는 지금 어떤 단계의 욕구가 부족한지 찾아보고 그 욕구부터 충분히 채워 줘야 한다.

'아이의 <u>욕구</u>를 충족시켜 주면 가지고 있던 능력을 발휘한다.'

아이의 ○○을 찾으면
부족한 부분을 채울 수 있다

 아이가 중학생이 되어 중간고사 점수가 적힌 종이를 들고 왔다고 하자. 종이에는 국어(96점), 수학(64점), 영어(98점), 과학(86점)이라고 적혀 있다. 어떤 점수가 눈에 들어오는가. 어느 연구에서 부모들에게 이 점수들을 보았을 때 제일 먼저 관심이 가는 과목이 무엇이냐고 질문했다고 한다. 수학(64점)에 먼저 관심이 간다고 응답한 부모가 77%, 영어(98점)에 먼저 관심이 간다고 응답한 부모가 6%였다고 한다. 대부분 부모는 영어와 수학의 점수 차가 많음에도 불구하고 영어에 대한 인정과 칭찬보다는 수학 점수에 대한 아쉬움을 드러냈다. 만약 지금 낮은 수학 점수에 관심이 간다면 반대로 우리 아이의 강점을 찾는 일에 집중해 보자.

아이의 강점을 찾는 일은 잠재력을 깨우는 데 도움이 되기도 하지만, 더 중요한 것은 부족한 부분까지도 채울 수 있다는 것이다. 아이는 자신이 잘하는 한 가지에 대해 인정과 칭찬을 받으면, 그 힘으로 다른 부분에 대해서도 욕심이 생긴다. 부모나 교사가 아이에게 부족한 점을 먼저 지적하고 도와주려 해도, 아이에게는 그 말이 잔소리처럼 들리는 경우가 많다. 이는 스스로 그것을 '해야 할 이유'를 아직 느끼지 못하기 때문이다. 동기 없이는 하고자 하는 의욕이 따르지 않는다. 하지만 그 의욕은 다른 강점에서 시작된다. 아이가 잘하는 한 가지를 통해 자신감을 얻으면, 스스로 다른 부분까지 도전하고 싶어지는 마음이 생긴다. 예를 들어, 어떤 아이가 영어는 98점, 수학은 64점을 받았다고 하자. 이때 수학 점수를 지적하기보다 영어를 잘한 점에 대해 진심으로 인정하고 칭찬해 준다면, 아이는 영어 100점이라는 새로운 목표를 세우기도 하고, 수학도 잘해 보고 싶다는 마음이 생기기도 한다. 학교에서도 한 가지라도 칭찬받은 경험이 있는 아이는 다른 영역에서도 더 잘하려는 노력을 보인다. 인정받는 기쁨은 아이의 내면을 움직이게 하는 가장 강력한 힘이다. 부족한 부분을 먼저 채우려 하기보다, 잘하는 것을 먼저 찾아 주고 인정해 주는 일이 먼저이다. 그것이 아이가 스스로 성장하고 싶게 만드는 진짜 시작점이다.

  강점이란 잘할 수 있는 것, 잘하는 것, 또는 남보다 두드러지게 뛰어난 것을 의미한다. 학습적인 면에서 보면 국어, 수학, 과학, 영어와 같은 교과 과목을 잘하는 것이 될 수 있다. 그러나 단순히 과목 전체를 잘한다기보다는, 그 과목의 특정 영역에서 강점을 보일 수도 있다. 예를 들어, 연산 속도가 빠르다거나, 영어 그림책을 읽을 수 있다거나, 과학 실험에 대한 흥미와 지식이 뛰어난 경우도 해당한다. 예체능 영역에서는 종이접기, 그리기, 만들기, 악기 연주, 달리기, 축구, 줄넘기 등이 강점이 될 수 있다. 이 외에도 요리, 정리 정돈, 말하기, 노래하기와 같은 일상 속 활동에서도 아이의 강점을 발견할 수 있다. 여기서 중요한 점은 강점이 반드시 남보다 뛰어나야 하는 것은 아니라는 것이다. 비교 대상은 '타인'이 아니라 '아이 자신'이어야 한다. 아이 스스로가 좋아하고, 조금이라도 잘할 수 있는 것이라면 그것이 곧 강점이다. 강점은 경쟁을 위한 무기가 아니라, 아이가 삶을 주도적으로 살아가는 데 필요한 내면의 자원이다. 부모는 남과 비교하지 않고, 아이의 일상 속 작은 강점들을 발견해 주는 관찰자가 되어야 한다. 아이는 그렇게 자신의 삶에서 의미 있는 성장을 시작하게 된다.

"수민이는 눈치 없이 하고 싶은 말을 거리낌 없이 해요."

한 학부모가 자기 자녀를 이렇게 표현한 적이 있다. 그런데 이 말이 과연 아이에게 어떤 도움이 될까. 그렇게 말하면 수민이는 '눈치 없고 수다스러운 아이'로만 남는다. 하지만 교실 안에서 바라보면, 이 모습은 오히려 장점이 될 수 있다. 수업 시간에 교사의 질문에 아무도 대답하지 않는 상황을 떠올려 보자. 소극적인 아이들이 많은 교실에서는 정적이 흐르기 일쑤다. 그럴 때 수민이처럼 생각나는 대로 자유롭게 말하는 아이가 한 명 있다면, 수업은 단번에 활기를 띤다. 주제에서 벗어나지만 않는다면, 수민이의 한마디가 수업을 풍성하게 만들 수 있다. 또한 수민이는 자기 생각을 말하면서 더 많은 것을 배우게 된다. 배움은 말 속에 있고, 표현하는 과정에서 생각이 자라고 깊어진다. '수민이는 자기 생각을 잘 말해요.' 이렇게 말해 준다면 아이는 '표현력 있는 아이', '자신감 있는 아이'가 될 수 있다. 아이의 말하는 성향을 단점으로 바라보느냐, 강점으로 키워 주느냐는 결국 어른의 시선에 달려 있다. 강점을 발견하고, 그것을 따뜻하게 말해 줄 때 아이는 누구보다 활달하고 적극적인 아이로 성장하게 된다.

강점을 찾는 일은 아이의 옷에 묻은 얼룩을 발견하는 일처럼 쉽지는 않다. 강점을 발견할 때 가장 큰 걸림돌은 바로 그동안 옳고 바른 것에 익숙해진 우리의 시각이다. 대부분 부모는 아이를 잘 키우고 싶기에 육아서를 읽고, 교육 정보를 찾고, 교과서적인 기준에 맞춰 아이를 바라보려 한다. 하지만 정작 그 기준대로 아이를 가르치고 행동하게 하면 잘 되지 않는다. 왜일까? 모든 아이가 교과서 속 '모범 아이'처럼 살아가지는 않기 때문이다. 이론은 언제나 옳고 이상적이지만, 현실은 다르다. 아이마다 자라 온 환경, 부모의 훈육 방식, 성격과 기질은 모두 다르고, 완벽하지 않다. 성인도 완벽하지 않은데 말이다. 아이를 제대로 관찰해 보기도 전에, 이미 머릿속에서 '이게 맞는 거야.', '이런 행동은 고쳐야 해.'라는 판단이 내려진다. 아이의 강점을 진심으로 찾고 싶다면, 그 모든 기준부터 내려놓아야 한다. 무엇보다 먼저, 아이를 판단하지 말고 한 발짝 물러나 관찰해야 한다. 아이가 어떤 활동에 몰입하고, 무엇을 좋아하는지 살펴보아야 한다. 열정과 끈기를 가지고 무언가에 꾸준히 몰두하는 모습이 보인다면, 그 자체가 아이의 강점이 될 수 있다. 잘 모르겠다면 다양한 경험의 기회를 주는 것도 좋은 방법이다. 예술, 과학, 여행, 스포츠 등 새로운 자극 속에서 아이의 흥미가 반짝일 수 있다. 부모가 혼자 찾기 어렵다면 담임 선생님께 상담을 요청해 보는 것도 좋다. 매일 아이를 가까이서 지켜보는 선생님은, 학교생활 중 아이가 어떤 활동에서 웃음 짓고 몰입하는지를 알고 있다. 아이에게 직접 물어보는 것도 방법이다. 한번은 1학년 아이에게 "넌 어떤 걸 잘하고 싶어?"라고 물은 적이 있다. 아이는 이렇게 대답했다. "어려운 도안을 보고 레고 만드는 걸 잘해요." 아이는 자신이 무엇을 좋아하는지 잘 알고 있다. 전문가의 도움을 받는 방법도 있다. 진로, 적성, 다중지능검사 등 다양한 검사를 통해 아이에 대해 더 깊이 이해할 수 있다. 다만, 이 결과가 절대적인 평가로 여겨져선 안 된다. 그것이 '내 아이의 점수'나 '결과물'은 아니라는 걸 기억해야 한다. 그것은 단지 아이를 더 깊이 이해하기 위한 또 하나의 참고자료일 뿐이다.

강점을 찾는 일은 정답을 맞히는 일이 아니다. 다만 우리 아이 안에 있는 잠재력, 빛나는 가능성을 들여다보려는 따뜻한 시도이다. 그 마음이 있다면, 우리는 분명 아이의 강점을 발견하게 될 것이다. 그리고 그 강점을 지지하고 응원해 줄 때, 아이는 그 무엇보다 튼튼한 자신감을 바탕으로 앞으로 나아가게 된다.

교실에서 24명이나 되는 아이들의 강점을 찾는 일은 쉽지 않다. 딸아이의 강점을 엄마의 기준에서 찾는 것은 더 어려웠다. 그래서 하기 시작한 방법은 아이들을 관찰하여 즉시 메모하는 것이다. 점심시간, 20분 관찰, 매일 한 명씩 관찰, 아이와 놀아 줄 때 관찰 등으로 계획이 필요하다. 계획한 시간에는 아이의 말과 행동에 대해 눈에 보이고 들리는 모든 것을 가능한 한 많이 메모한다. 학교에서 점심시간에 메모장을 들고 가서 아이들을 관찰하고 메모한 적이 있다. 몇 번의 관찰로 아이의 좋은 식습관과 식사 태도를 파악할 수 있었다. 이것은 급식 지도를 효율적으로 할 수 있었고 아이들의 식습관에도 도움을 줄 수 있었다. 딸아이의 강점을 파악하기 위해 아이의 행동을 상세히 기록한 적이 있다. 이렇게 하면 아이가 어떤 부분에 집중하는데, 내가 어떻게 반응할 때 짜증을 내는지, 혹은 의욕이 생기는지 쉽게 알 수 있다.

아이들의 강점을 먼저 인정해 주고 약점에 대한 바람직한 행동을 함께 이야기해 보면 아이들도 반항심이 생기지 않고 수긍할 것이다. 처음에 언급했던 중학교 시험 점수에서도 국어와 영어가 100점에 가깝다. 한두 개밖에 틀리지 않은 점수인데 아이에게 '수학 공부를 더 해야겠구나. 점수가 60점대라니.'라고 말한다면 아이는 실망할 것이다. 아이는 국어와 영어 점수를 엄마에게 제일 먼저 보여 주고 싶었을 것이다. 국어, 영어 점수가 좋다는 것은 언어 능력이 좋은 것이다. 아이의 강점이다. 이것부터 인정하고 칭찬해 주어야 한다. 강점에 대한 자신감으로 약점을 조금씩 이끌어 주는 것이 아이의 발전에 효과적인 방법이 될 수 있다.

'아이의 강점을 찾으면 부족한 부분을 채울 수 있다.'

가족 ○○를 하나 만들면
사춘기가 와도 소통이 된다

"엄마는 나를 사랑하지만, 아빠는 축구를 사랑해."

다섯 살 딸아이가 자주 하는 말이다. 남편은 축구에 열광하는 팬이다. K리그 지역 축구팀 경기가 열릴 때마다 경기장을 찾는다. 덕분에 우리 가족은 축구 경기가 있는 도시로 여행을 다닌다. 서울, 강릉, 대전, 전주, 제주도까지, 경기가 있는 곳이라면 어디든 간다. 그렇다고 해서 나와 딸이 축구를 좋아하는 건 아니다. 남편은 딸의 말을 듣고도 여전히 축구를 포기하지 않는다. 딸을 어릴 땐 쉽게 축구장에 데려갈 수 있었지만, 이제는 자기 의견이 확실해지면서 점점 어려워지고 있다. 시끄럽고 재미없다며 가기 싫어한다. 그럴 때마다 남편은 간식과 공주가 나오는 영상을 동원해 딸을 꼬드겨 결국 함께 경기장에 간다. 나는 남편처럼 축구를 챙겨보진 않지만, 막상 경기를 보면 응원도 하고 골이 들어가면 소리도 지른다. 남편이 가장 즐거워하는 취미를 굳이 꺾을 생각은 없다. 축구 경기가 있는 주에는 신이 나서 집안일도, 육아도 척척 해내니까. 어느 날, 남편이 전주에서 경기가 있다며 숙소를 예약했다고 말했다. 이번에는 축구를 좋아하는 5학년, 6학년 남매 가족과 함께 묵기로 했다고 한다.

전주로 출발하는 아침, 남편은 함께 가기로 한 가족에게 연락하고 비슷한 시간대에 출발했다. 한 시간쯤 달려 휴게소에 도착했다. 화장실에서 나와 딸을 동전 놀이기구에 태우고 있었다. 그때 멀리서 남편의 목소리가 들려왔다. 같이 가기로 한 가족과 우연히 휴게소에서 마주친 것이다. 우리는 그제야 처음으로 인사를 나눴다. 남매는 반쯤 감긴 눈으로 겨우 인사를 했다. 세 시간이나 이동해야 하는 거리인 만큼, 웬만큼 축구를 좋아하지 않으면 쉽게 가기 어려운 곳이다. 가족 모두가 축구를 좋아한다고 했지만, 이제 사춘기에 접어들 시기다. 6학년 누나는 억지로 따라왔을 것이고 5학년 남동생은 남자니까 좋아할 거라며 나름대로 스토리를 만들어 보았다.

우리는 먼저 숙소에 도착해 방에서 쉬고 있었다. 얼마 후 남매 가족이 도착했는데, 짐이 한 보따리였다. 심지어 이불 세트까지 들고 들어왔다. 네 식구라 필요할 때가 있다며 차에 싣고 다닌다고 했다. 가방 하나에는 일회용 종이컵, 접시, 물티슈, 휴지 등이 가득했다. 우리 가족도 여행을 자주 다니지만, 이 정도는 아니다. 확실히 여행을 많이 다닌 덕에 내공이 쌓인 듯했다. 저녁이 되어 우리는 리조트 부대시설에 있는 바비큐장에서 식사했다. 나는 딸과 함께 조금 늦게 바비큐장으로 내려갔다. 피곤해 보이고 표정이 어두웠던 남매는 어느새 딴사람이 되어 있었다. 남편과 남매 가족은 내일 있을 축구 경기에 대해 이야기꽃을 피우고 있었다. 남편은 지난번에 경품으로 받은 축구 선수의 경기복을 자랑했다. 아이들은 부럽다며 손뼉을 치고 눈을 반짝였다. 게임이나 연예인 이야기에 열광할 나이인데, 경기복 하나에 이토록 환호하다니 놀라웠다. 축구 하나로 이렇게 즐거울 수 있다니, 그 모습이 참 신기하고도 인상 깊었다. 남매는 억지로 아빠를 따라온 것이 아니었다. 이 여행의 시작은 오히려 아이들이었다. 처음엔 아들이 축구에 푹 빠졌고, 경기를 직접 보기 위해 가족이 함께 움직이기 시작했다. 그러다 딸도 점점 그 재미에 빠졌고, 이제는 남매 모두 열성팬이 되었다. 부모도 아이들의 관심과 열정을 함께 나누고 싶었다. 응원하는 팀과 선수에 관해 공부하고, 경기의 흐름을 이해하며 점점 진짜 팬이 되어 갔다고 했다. 아이들이 좋아하는 것을 진심으로 함께 좋아하게 된 것이다. 가족이 함께한다는 것은, 같은 방향을 바라보고 같은 감정을 나눈다는 뜻이다. 이 집은 축구를 통해 하나가 되었다. 아이의 관심을 따라가다 보면, 그 안에 아이의 꿈과 삶의 기쁨이 들어 있다. 함께 응원하고, 열광하며 부모와 자식은 그렇게 조금 더 가까워지고 있었다.

늦은 밤, 가족끼리 한방에서 잠자리에 들었다. 옆방에서는 네 식구가 나란히 누워 내일 있을 축구 경기 이야기를 나누고 있었다. 그들의 대화를 들으며 나도 서서히 잠이 들었다. 가족이 한 주제에 대해 이렇게 열정적으로 이야기를 나누는 모습이 보기 좋았다. 다음 날 아침, 간단히 식사를 해결한 뒤 각자 여행을 즐기다가 축구장에서 만나기로 했다. 우리는 테이블석을 예매했고, 남매 가족은 응원석을 예매했다. 경기장 앞에서 만난 남매는 유니폼을 갖춰 입고 응원 도구까지 손에 들고 있었다. 잔뜩 긴장한 표정이었다. 응원석에는 의자가 없어서 두 시간 동안 서서 경기를 봐야 한다. 이쯤 되면 축구에 대한 열정이 남편보다 더 크다는 게 확실했다. 전반전이 끝나고 휴식 시간에 남매 가족을 다시 만났다. 남매는 이미 목이 쉬어 있었다. 얼마나 열심히 소리를 지르며 응원했는지 짐작이 갔다. 경기가 끝났을 때, 아쉽게도 우리 팀이 졌다. 경기 후 남매 가족을 다시 만났는데, 남매는 분해서 울고 있었다. 상대 팀의 반칙에도 경고가 주어지지 않았고, 마지막 골이 골대를 맞고 튕겨 나온 게 너무 안타깝다며 경기 후기를 줄줄이 늘어놓았다.

이 가족을 보며, 가족 모두가 한 가지 관심사를 공유하는 것이 아이와 부모 관계에 얼마나 긍정적인 영향을 미치는지 다시 한번 깨닫게 되었다. 초등학교 고학년이 되면 사춘기가 찾아오고, 반항심도 커진다. 아이는 갑자기 말수가 줄고 혼자 있는 시간을 더 원하게 된다. 그러면 부모는 아이가 어색하고 걱정스러워 더욱 집착하게 되고, 결국 관계가 악화하고 대화가 단절된다. 하지만 이 가족은 정반대였다. 사춘기가 왔다고 하는데도 축구라는 공동 관심사로 똘똘 뭉쳐 밤늦도록 이야기하고, 함께 응원하며 시간을 보냈다. 과연 사춘기가 온 아이들이 맞나 싶을 정도였다. 중학교 2학년 아들을 둔 친한 선생님에게서도 비슷한 이야기를 들은 적이 있다. 그 선생님은 원래 테니스를 쳤고, 아들은 초등학교 3학년 때부터 키즈 테니스 프로그램에 참여하며 배우기 시작했다고 한다. 이제는 중학교 2학년이 된 아들과 매주 주말마다 함께 테니스를 친다고 한다. 때로는 내기를 하기도 하고, 다른 사람들과 2대 2 조인 경기를 하기도 한다며, 자식과 함께하는 이 시간이 너무 소중하다고 한다. 또 다른 선생님은 초등학교 1학년 딸과 함께 마트 문화센터에서 발레 수업을 듣는다고 한다. 자세 교정과 유연성 향상에 도움이 될 뿐만 아니라, 아이도 엄마와 함께하는 이 시간을 즐거워한다고 한다.

딸아이가 자라 사춘기가 오면, 나와 관계가 멀어지고 소통에 어려움을 겪게 되지는 않을까 걱정된다. 나는 학부모들에게 사춘기는 아이가 건강하게 성장하고 있다는 증거이며, 반항적이고 독립적인 모습을 있는 그대로 인정해 주어야 한다고 말해 왔다. 하지만 막상 엄마인 나는 그 과정이 불안하다. 그래서 아이가 아직 어리지만, 지금부터 공동 관심사를 찾기 위해 주말마다 다양한 경험을 하고 있다. 물론 가족 모두가 좋아하는 한 가지를 찾는 일이 쉽지는 않을 것이다. 때로는 부모가 아이가 좋아하는 것을 함께 좋아하려고 노력해야 할 수도 있다. 하지만 그 과정에서 얻는 것이 훨씬 많기에 충분히 도전해 볼 만하다. 공동의 관심사는 단번에 찾아지는 것이 아니다. 아이가 더 자란 후에야 알 수 있을지도 모른다. 지금 당장 정답을 찾지 못하더라도, 무언가를 함께하는 그 자체만으로도 부모와 아이의 관계는 단단해진다.

 남매 가족은 여전히 가족이 함께 축구 경기를 보러 다닌다고 한다. 네 명이 나란히 누워 축구 이야기를 나누던 그날 밤의 모습이 아직도 생생하다. 그 가족은 아이들이 커도 변함없이 축구 여행을 떠날 것이다. 그리고 부모가 시작한 이 축구 여행이 단순한 취미가 아니라는 것을, 그 안에 담긴 노력과 사랑을 아이들도 언젠가는 깨닫게 될 것이다. 함께 쌓은 추억들이 그들의 혼란스러운 사춘기를 가뿐히 넘어가게 해 줄 것이다.

'가족 취미를 하나 만들면 사춘기가 와도 소통이 된다.'

사교육보다 더 중요한 것은

네 살 다미를 발레 학원에 보낸 적이 있다. 어린이집에서 돌아오면 심심해하는 것 같았다. 학원을 알아보던 중, 어린이집 방과 후 프로그램으로 배운 발레에 흥미를 보이는 듯해 발레 학원에 데려갔다. 다미는 학원에 들어서자마자 걸려 있는 예쁜 발레복을 보고 당장 하고 싶다고 했다. 그 자리에서 발레복과 타이즈, 슈즈까지 샀고, 마침 몇 분 뒤에 시작하는 5~7세 반 수업에 참여할 수 있었다. 아직 네 살이지만 수업을 들어도 괜찮다고 허락해 준 원장님에게 감사했다. 언니들을 따라 열심히 발레를 배우는 다미의 모습이 대견했다. 그렇게 시작한 발레였지만, 2주 뒤 다미는 갑자기 학원에 가지 않겠다며 떼를 썼다. 너무 속상했다. 돈이 아까운 것도 있었지만, 아이가 이렇게 쉽게 그만두는 버릇이 생길까 걱정되었다. 좋아하는 아이스크림을 사 주겠다고 꼬셔도 소용없었다. 결국 나중에는 협박까지 했다.

"오늘 안 가면 앞으로 절대 발레 학원 안 보내 줄 거야!"

하지만 이 말도 통하지 않았다. 마음을 추스르는 데는 시간이 좀 걸렸다. 아이에게 화내고 있는 내 모습을 돌아보니, 감정 조절도 못 하는 욕심 많은 엄마가 된 것 같아 씁쓸했다.

발레를 겨우 2주 하고 그만둔 이야기를 친정엄마에게 했다. 엄마는 당연하다는 듯 말했다.

"아이가 하고 싶은 걸 해야지."

맞는 말이다. 사교육 정보를 여기저기서 찾아보았다. 인터넷에는 유아 사교육 경험담이 넘쳐났다. 꼭 필요한 사교육을 정리해 놓은 글도 많았다. 그런 글을 읽다 보면 '지금 당장 뭔가 시작해야 하는 거 아닐까?' 하는 조바심이 들기도 한다. 이런 정보들을 보면 지금 당장 해야 할 것 같은 생각도 든다. '다른 아이들보다 뒤처지지는 않을까?', '나중에 후회하게 되지는 않을까?' 이런 생각들이 머릿속을 가득 채운다. 또래 엄마들과 만나 이야기를 나누면 사교육 이야기는 빠지지 않는다. 어떤 학원은 대기 기간이 1년이라서 지금 당장 등록해야 한다고 한다. 공부하는 데 체력이 중요하니 줄넘기 학원은 필수라는 말도 있다. 7세가 되면 학원 가성비가 가장 좋다는 이야기도 들린다. 5~6세 때보다 7세에 배우게 되면 머리가 더 커져 뭐든지 빨리 흡수하고 잘 배운다는 것이다. 이 시기에 다양한 학원에 다녀야 한다고 한다. 악기 하나쯤은 다룰 줄 알아야 하고, 미술을 배우지 않으면 학교에서 그림 그리는 데 어려움을 겪을 수도 있단다. 초등학교 저학년이 되면 사고력 수학 학원이 필수라는 얘기도 나온다. 이렇게 엄마들끼리 나누는 정보가 중요하기 때문에 엄마들 모임에는 꼭 참여해야 한다고들 말한다.

한동안 사교육 정보 더미에 둘러싸여 있었던 나는 친정엄마의 말에 불안한 마음을 바로잡았다.

"애들은 학원이 중요한 게 아니라 경험이 중요한 거야. 엄마는 너희들 학원 보내려고 애쓰지 않았어. 너희가 하고 싶은 것을 찾아서 했고 엄마가 도와줄 수 있는 것은 도와주었고. 그랬더니 어느 순간 너도 훈이(남동생)도 어릴 때부터 교사와 경찰이 되고 싶어 하니 이렇게 지금 하고 있잖아."

아차 싶었다. 아이가 하고 싶어 해야 재미있고 다양한 경험을 하면서 꿈을 가지게 되는 것이다. 어릴 때 아빠는 사진 찍는 것을 좋아했다. 늘 여행을 다녔고 그 지역에 있는 박물관, 체험관에도 자주 다니면서 다양한 경험을 했다. 우리 가족은 꿈에 관한 이야기를 정말 많이 했다. 남동생은 경찰이 되어서도 어린 나이에 승진 공부를 해서 젊은 나이에 높은 계급에 올랐고 지금도 공부하고 있다. 꿈이 있기에 근무하며 승진 공부까지 하는 것이 힘들지 않다고 한다. 아이들은 자기가 재밌어야 쏙 빠져든다. 다미는 발레복이 예뻐서 입고 싶었던 거지, 발레 학원에서 언니들과 스트레칭과 유연성을 위한 힘든 동작이 하고 싶었던 것이 아니었다. 아이가 원하는 것이 아니었기에 엄마의 협박과 꼬심에도 절대 가지 않겠다고 한 것이다. 아이들은 자신이 하고 싶은 것을 배우게 해야 한다. 그래야 그 이상의 것을 만들어 내는 능력을 발휘하게 된다.

아이들이 하고 싶은 것을 찾아 주는 일은 참 어렵다. 그래서 더욱 학원에 보내기도 한다. 미술, 체육, 바둑, 음악, 과학, 코딩, 독서 등 많은 학원에서 아이에게 보낼 학원을 찾는 일이 꼭 아이의 적성을 찾는 일처럼 여겨지기도 한다. 물론 학원에 다니면서 재능을 찾을 수도 있다. 하지만 그렇게 하려면 도대체 몇 개의 학원을 보내고, 또 몇 번을 바꿔야 할지 가늠하기조차 어렵다. 아이들이 하고 싶은 일을 찾는 과정을 '꿈을 키우는 일'이라고 해 보자. 아이들에게 "꿈이 뭐야?"라고 물으면, "없어요." 혹은 "몰라요."라고 답하는 경우가 많다. 초등학생들은 진로에 대해 신중히 고민하기보다는, 그때그때 하고 싶은 일을 말하는 경우가 많고, 그마저도 자주 바뀐다. 특히 대중매체에 많이 노출된 아이들은 유행에 따라 꿈이 금세 달라지기도 한다. 실제로 직업에 대한 가치관은 계속 변화하고, 직업의 종류도 빠르게 바뀌고 있다.

이런 현실에서 어른들은 더욱 아이들이 자신의 꿈을 찾을 수 있도록 도와주어야 한다. 이를 위해 부모가 할 수 있는 세 가지 방법을 정리해 보았다.

첫째, 아이와 일상에서 자주, 자연스럽게 꿈에 관해 이야기해 보자. 꿈을 단순히 '직업'으로 한정 짓지 말고, 삶을 대하는 태도, 만나고 싶은 사람들, 세상을 위해 내가 할 수 있는 일, 무엇을 하면 행복한지, 꼭 이루고 싶은 목표가 있는지, 어떤 가족이 되고 싶은지, 지금 중요하게 생각하는 것이 무엇인지 등을 함께 이야기해 보자. 이런 대화는 아이가 삶을 긍정적으로 바라보는 데 도움이 된다. 또한, 같은 질문을 매년 해 보면 아이가 자라면서 가치관이 어떻게 변화하는지 알 수 있다.

둘째, 아이가 새로운 것에 흥미를 느낄 수 있도록 다양한 경험을 제공하자. 예술에 관심을 가질 수 있도록 공연을 보러 가거나, 지역 곳곳의 미술관을 방문하는 것도 좋다. 요즘은 항공, 우주, 과학, 역사, 전기, 물, 등대 등 다양한 주제의 박물관과 체험관이 많이 있다. 꼭 어딘가를 방문하지 않아도 된다. 책을 통해서도 새로운 세계를 만날 수 있다. 어린이 도서관에 가면 기술·과학, 예술, 어학, 문학, 역사·지리 등 다양한 분야의 책이 있다. 유아기에는 문학 중심으로 책을 접하지만, 아이가 커 갈수록 다양한 분야의 책을 읽을 기회를 주는 것이 중요하다. 청구기호를 활용하면 분야별로 아이에게 쉽게 책을 추천할 수 있다. 고학년이라면 어린이 신문, 잡지를 추천한다. 아이가 읽지 않으면 읽어 주기라도 하자. 정말 관심 분야가 생긴다면 주제에 따른 어른 잡지도 괜찮다. '더매거진'이라는 사이트에 가면 세상의 모든 잡지와 신문을 볼 수 있다. 어린이부터 성인까지 다양하고 흥미로운 것이 많이 있다. 패션, 뷰티, 스타일, 쿠킹, 인테리어, 학습, 과학, 어학, 논술, 시사, 여행, 취미 등 분야별로 다양한 국내, 해외 잡지들이 있다. 초중고별로 잡지가 소개되어 있으며 어린이 신문, 전문 분야의 신문도 있다. 소아과에서 진료를 기다리는 동안 주위를 둘러보면 거의 모든 아이가 부모의 스마트폰을 보고 있다. 어린아이들은 애니메이션을, 좀 큰 아이들은 유튜브로 장난감 홍보영상이나 개그를 본다. 차라리 꿈을 이룬 운동선수나 예술가, 직업인 이야기를 담은 영상을 보는 것이 훨씬 의미가 있다. 어른이 신경 써서 보여 주지 않으면, 아이는 세상에 존재하는 멋진 일들을 알지 못한 채 지나칠 수도 있다. 물론 초등학교에서도 진로 교육을 하지만, 그걸로는 충분하지 않다. 현실적으로 학교에서 다룰 수 있는 내용은 '내 꿈 그리기'나 '직업의 종류 알아보기' 정도로 한정적이기 때문이다.

셋째, 아이가 본받고 싶은 사람을 찾도록 도와주자. 학교 숙제로 '내가 존경하는 인물 찾기' 활동이 없다면, 평소 이런 주제를 깊이 생각해 볼 기회가 많지 않다. 초등학교 고학년이 되면 부모의 조언보다는 친구의 영향을 더 많이 받는다. 좋아하는 친구가 생기고, 그 친구에게 배울 점이 있다면 자연스럽게 닮고 싶다고 생각하게 된다. 부모가 친구의 긍정적인 면을 함께 이야기해 주면 좋은 영향을 줄 수 있다. 다만, 절대 비교하는 말은 하지 말아야 한다. 존경하는 인물은 꼭 위인전에 나오는 역사적 인물일 필요는 없다. 현대 사회에서 영향력을 미치는 인물들도 좋은 본보기가 될 수 있다. 예를 들어, 노벨 평화상을 받은 인물이나 세계 경제를 이끄는 주역들에 대해 알아보는 것도 의미 있는 경험이 될 것이다.

사교육은 꼭 하지 않아도 되는 것이 많다. 사실, 우리 어린 시절을 떠올려 보면 쉽게 알 수 있다. 엄마 손에 이끌려 다녔던 학원들, 남는 건 그곳에서 배운 것보다 재미가 있었냐, 없었냐 하는 기억뿐이다. 특히 공부를 가르치는 학원에서는 얼마나 많은 문제를 맞혔는지가 중요한 기준이었지만, 그곳에서 진짜 꿈을 키운 기억은 드물다. 아이의 꿈은 전혀 다른 곳에서 시작된다. 문제집이 아니라, 세상에 대한 흥미에서 출발한다. 엄마가 꼭 해 줘야 할 일은 많지 않다. 단지, 아이가 다양한 경험을 하며 세상과 자연스럽게 연결될 수 있도록 돕는 일이다. 새로운 것을 보고, 만지고, 느끼는 과정에서 아이는 '나, 이거 재미있어!'라는 마음을 품게 된다. 그때 아이는 스스로 몰입하고 집중하기 시작한다. 바로 그 순간이 아이가 가장 크게 성장하는 때다. 어쩌면, 엄마의 역할은 이토록 단순하고도 위대하다. 아이가 좋아하는 것을 찾아가는 길에 함께 있어 주는 것. 억지로 끌고 가는 것이 아니라, 옆에서 같이 걸어 주는 것. 그렇게 아이는 자기만의 속도로 자라고, 결국 자기 꿈을 향해 나아가게 된다. 아이의 성공은 학원 수가 아니라, '나는 이걸 좋아해!'라고 말할 수 있는 순간에서부터 시작된다. 아이가 꿈을 꾸게 해 주는 것, 그것이 엄마가 줄 수 있는 가장 큰 선물이다.

사소한 교육의
위대한 힘

책장에는 초등 관련 교육서가 가득했다. 하지만 아이가 태어난 순간, 책장의 주인은 바뀌었다. 육아서가 한 권, 두 권 늘어나더니 어느새 빼곡해졌다. 그 시절, 나는 내 인생에서 가장 많은 책을 읽었다. 책에 밑줄을 긋고, 중요한 부분을 정리하고, 같은 문장을 여러 번 곱씹었다. 그중에서도 다섯 번이나 반복해 읽은 책이 있었다. 바로 마리아 몬테소리의 《흡수하는 정신》이었다. 《연금술사》의 주인공이 그렇게 찾아 헤매던 연금술의 비밀을 발견한 듯한 전율! 아이를 업고 책을 읽었고, 수유할 때도, 아이를 재울 때도 책을 놓지 못했다. 이 책을 처음 읽고 머리를 한 대 맞은 듯한 충격을 받았다. '0~3세 아이는 환경의 모든 것을 완벽히 흡수한다.' 아무리 어려운 언어라도 그 환경에 있으면 자연스럽게 배운다는 것. 부모가 아이의 환경을 어떻게 만들어 주느냐가 아이의 평생을 좌우할 수도 있다는 것. 이 문장을 읽는 순간, 나는 가슴이 철렁했다. 그전까지 '환경'이라 하면 예쁜 방을 꾸며 주는 정도로만 생각했다. '우리 딸이 태어나면 분홍색으로 아기자기하게 꾸며 줘야지.' 하지만 몬테소리는 완전히 다른 이야기를 했다. 환경은 단순한 인테리어가 아니라, 아이의 성장에 맞춘 최적의 공간이어야 한다고 했다. "안 돼!"라고 하기 전에, 차라리 만지고 빨아도 안전한 물건만 두는 게 낫다. 아이가 잡고 일어서려 할 때는 손 닿는 곳에 단단히 고정된 구조물을 마련해 주어야 한다. 이 모든 것이 아이의 발달을 돕는 환경이었다. 그제야 깨달았다. 아이들은 부모가 만들어 주는 환경 속에서 성장한다는 것을. 아이가 무엇을 보고, 듣고, 만지고, 경험하는지가 결국 아이의 삶을 결정한다. 그리고 그것이 부모의 역할이었다. 몬테소리 교구가 화려하지 않고 단조로운 이유도 본능적인 자기 발달을 위해 집중하는 아이들에게 다른 혼란의 요소를 제거하기 위함이다. 유아기부터 자극적인 영상 시청으로 부작용이 심하다는 연구 결과들이 쏟아지고 있는 시기였다. 최대한 영상 노출 시기를 늦추려는 엄마들도 많았다. 그래서 더욱 화려

하고 자극적이지 않은 교구를 활용하는 몬테소리 교육이 매력으로 다가왔다. 모든 교구가 나무로 제작되었고 꼭 필요한 부분에만 색이 칠해져 있는 이 단조로운 교구로 아이를 어떻게 교육하는지 궁금했다.

몬테소리는 세계 최초의 여의사가 되었고 지적장애 아이들을 관찰하면서 이 교육의 시초를 마련했다. 몬테소리 여사는 아이들을 장애아라 생각하지 않고 몸의 기능을 발달시키고 감각을 섬세하게 만들기 위해 교구를 만들었다. 예를 들어, '색판'이라는 교구는 색의 점진적인 변화를 구별하도록 돕는다. 이 교구는 색의 변화만 존재하며, 판의 모양과 크기는 동일하다. 이는 한 가지 감각만을 집중적으로 훈련하기 위해 다른 요소들을 배제한 것이다. 감각별 교구를 만들어 이 아이들을 훈련해 보통의 아이들보다 더 높은 지능지수를 받게 된다. 또한, 아이들은 3~6세 사이에 질서, 언어, 감각, 사회성 등의 발달에 민감한 시기를 맞이한다. 민감기란 특정 감각을 가장 예민하고 강력하게 받아들이는 시기로, 이 시기에 적절한 교구를 활용하면 아이의 발달을 극대화할 수 있다. 이를 기반으로 한 교육이 바로 몬테소리 교육이다.

하지만 그 많은 교구의 지도 방법은 어디에도 나와 있지 않았다. 일부 기관에서는 몇십만 원만 지불하면 한 달 안에 자격증을 취득할 수 있는 단기 프로그램을 운영하고 있었지만, 이는 이론 위주의 과정이었고, 몇 가지 교구만 간단히 다루는 수준에 불과했다. 보다 체계적으로 배울 수 있는 곳을 찾던 중, 국제적으로 공인된 세계 몬테소리 자격 과정이 있다는 사실을 알게 되었다. 이 과정은 전 세계 몬테소리 학교에서 3~6세 아이들을 가르칠 수 있는 정식 자격을 부여하는 프로그램이었다. 깊이 있는 학습을 위해 망설임 없이 500만 원을 입금하고 등록했다. 마침 코로나 시국 덕분에 지방에서도 온라인 수업을 들을 수 있는 기회가 주어졌다. 하지만 한 달에 두 번은 실습을 위해 지방에서 경기도까지 직접 가야 했고, 2년 동안 남편에게 아이를 맡기며 과정을 이수했다. 긴 시간 동안 강의를 듣고 필기시험, 실기시험, 그리고 방대한 양의 과제를 통과한 끝에, 마침내 몬테소리 국제 자격증을 취득할 수 있었다.

이 힘든 과정을 거치며, 나는 몬테소리 교육에 대한 깊은 이해를 갖춘 전문가가 되었다. 2년 동안 몰입했던 몬테소리 교육과정에서 가장 중요하게 깨달은 세 가지가 있다. 첫째, 몬테소리 교육에서는 3~6세 아이들에게 우리가 사소하게 여기는 코 풀기, 손수건 접기, 물 따르기 등의 활동을 '일상생활 영역'으로 구분하여 가르친다. 단순한 생활 습관이 아니라, 아이의 독립성과 자기 조절 능력을 길러 주는 필수적인 교육과정 중 하나이다. 둘째, 아이에게 새로운 기술을 가르칠 때는 단순히 방법을 설명하는 것이 아니라, 처음부터 끝까지 행동 하나하나를 분석하여 시범을 보이는 것이 중요하다. 셋째, 아이가 실수했을 때 즉시 지적하는 것이 아니라, 스스로 오류를 인식하고 수정할 수 있도록 기회를 제공해야 한다. 이러한 교육 방식은 유아기에만 필요한 것이 아니다. 초등학교에서도 마찬가지다. 이미 굳어진 습관은 쉽게 바뀌지 않기 때문에, 어릴 때부터 사소한 행동 하나까지 제대로 배우고 익히는 과정이 중요하다. 나는 이 원리를 교실에 적용해 보았고, 변화가 어려웠던 아이들의 생활 습관이 점차 긍정적으로 바뀌기 시작했다.

미니 빗자루는 새 학년 준비물로 빠지지 않는 필수품이지만, 지금까지 제대로 활용하지 못했다. 2학년 아이들을 맡은 3월, 나는 처음으로 미니 빗자루 사용법을 가르치기로 했다. 이전까지 알려 주지 않은 이유는 단순했다. 밥을 먹고 이를 닦는 것처럼 2학년 정도면 할 줄 알 거라고 생각했다. 하지만 현실은 달랐다. 교실은 늘 지저분했고, 청소 시간이 끝난 후에도 내 손이 한 번 더 가야 깨끗해졌다. 결국, 청소 교육이 제대로 이루어지지 않았다는 뜻이었다. 우선, 사물함에 넣어 둔 미니 빗자루를 책상 옆에 걸어 두도록 했다. 아이들이 집중할 수 있도록 책상 위는 깨끗하게 비웠다. 그리고 시범을 보이기 시작했다. 나는 천천히 빗자루와 쓰레받기를 어떻게 잡아야 하는지 보여 주었다. 미리 바닥에 떨어뜨려 놓은 쓰레기 앞으로 다가가 무릎을 굽히고 앉았다. 빗자루로 쓰레기를 모은 뒤, 쓰레받기를 바닥에 단단히 고정하고 정확하게 쓸어 담았다. 아이들은 숨을 죽인 채 지켜보았다. 그다음, 쓰레기통까지 이동해 쓰레받기를 입구 가까이 대고 조심스럽게 쏟아 넣는 모습을 보여 주었다. 마지막으로, 쓰레받기에 남아 있는 먼지를 빗자루로 깔끔하게 밀어냈다. 지금까지는 쓰레기통 주변에 떨어져 있는 쓰레기를 보며 "쓰레기통에 잘 넣어야지!" 하며 잔소리하거나, 직접 다시 쓸어 담았다. 이렇게 사소한 미니 빗자루 사용법을 상세히 알려 주니, 아이들은 한순간도 눈을 떼지 않고 집중했다. 말이 필요 없었다. 아이들은 그대로 따라 하며 신중하게 쓰레기를 쓸어 담았다. 진지한 시범은 아이들에게 그 활동의 중요성을 깨닫게 해 준다. 수업이 끝날 때마다 미니 빗자루로 주변을 정리한 뒤 쉬는 시간을 갖도록 했다. 결과는 놀라웠다. 한 해 동안 따로 청소 당번을 정하지 않았지만,

교실은 늘 깨끗했다.

 우리는 아이들에게 말로만 가르치는 경우가 많다. 하지만 행동으로 보여 주는 것이 훨씬 효과적이다. 다미를 어린이집에 보내려면 아침마다 전쟁이었다. 씻기기 위해 "화장실로 가자."라고 하면 거실을 뱅글뱅글 돌기 일쑤였고, 겨우 세면대 앞에 세워서 양치시키고 얼굴을 씻긴다. 그러던 어느 날, 아이 앞에서 직접 세수를 해 보기로 했다. 세면대 앞에서 물을 틀고 손을 적신 뒤, 얼굴에 물을 묻히고 물을 잠갔다. 그리고 손에 비누를 묻혀 거품을 낸 후, 천천히 얼굴을 문질렀다. 예상대로 다미는 신기한 듯 가만히 바라보았다. 나는 얼굴에 비누를 어떻게 묻히고, 헹굴 때 몇 번 정도 씻어야 하는지 숫자를 세어 가며 보여 주었다. 중간에 끼어들어 내가 해 보겠다고 했다. 아이를 말릴 필요는 없다. 분명히 엄마가 보여 준 과정대로 하지는 못하더라도 아이들이 스스로 시도는 한다. 틀리더라도 스스로 하려는 아이를 칭찬해 주었다. 다음 날 아침, 다미는 나보다 먼저 화장실로 들어갔다. 몇 번 더 시범을 보이니 지금은 내가 보여 준 과정을 그대로 따라 한다.

 학부모 상담을 해 보면 엄마들의 가장 큰 고민이 습관 문제이다. 식사, 정리 정돈, 씻기, 핸드폰 사용 등 생활 습관을 고치기가 어렵다고 한다. 공부, 독서, 글쓰기와 같은 학습적인 부분에서도 공부 습관이 잡혀 있지 않다며 고민한다. 학부모들에게 습관 하나를 고치려면 3개월 동안 엄마가 매일 그 행동을 함께하라고 말씀드린다. 이미 굳어져 있는 습관은 말로 수십 번을 해도 고쳐지지 않는다. 엄마가 매일 함께하며 아이 몸에 배게 해야 한다. '사소한 교육'은 아이의 환경, 일상적인 습관 등 우리가 자주 지나칠 수 있는 작은 일들을 말한다. 이러한 일들은 너무 사소하다고 생각해 잔소리로 끝나는 경우가 많다. 하지만 사소한 교육은 아이의 기본적인 습관을 형성하는 데 필수적이며, 가장 중요하고 점검해야 할 부분이다. 내가 아이라 생각하고 아이 환경을 둘러보자. 생활하는 공간을 점검하여 아이의 집중에 방해가 될 요소가 있는지를 확인해야 한다. 생활 습관 고치기는 아주 어린 아이에게 가르치듯이 자세하게 알려 주자. 아이가 잘하지 못했던 일이나 스스로 하지 않았던 일을 혼자 할 수 있을 때까지 함께해야 한다. 사소하고 작은 한 가지만이라도 실천해 보자. 작은 변화가 큰 목표를 향한 밑거름이 된다.

친구 관계의
모든 것

'친구들과 잘 지내나?'
'혼자 놀지는 않나?'
'왕따당하지는 않나?'

초등학교에 입학하면 학부모님들이 가장 걱정하는 것 중 하나가 바로 교우관계다. 유아 시절, 부모의 보호 속에서 지내던 아이들이 처음으로 작은 사회에 발을 내딛게 되면서, 친구 관계는 아이들의 행복을 좌우하는 중요한 요소가 된다. 하지만 아이들에게 친구 사귀는 일은 결코 쉽지 않다. 성향에 따라 차이는 있지만, 교우관계는 학업 성취에도 영향을 미친다. 친한 친구와 다툼이 생기거나, 비난하는 말을 들었을 때, 부당한 대우를 받았을 때 아이뿐만 아니라 부모의 마음도 속이 탄다. 친구를 사귀고, 잘 지내며, 때로는 다투고 오해를 풀어 가는 과정은 아이가 성장하며 반드시 경험해야 할 중요한 과제다. 친구 관계에서 겪는 모든 경험이 아이를 한층 더 성숙하게 만든다. 문제를 피하기보다 해결하는 법을 스스로 생각해 내고 직접 부딪혀 보면서 배우는 것이야말로, 진정한 사회성을 기르는 첫걸음이다.

교실 속에 아이들은 모두 제각각이다. 학년말이 되면 교사들은 모여 반 편성을 심도 있게 한다. 성비, 학업 능력, 성향 등을 고려해 최대한 골고루 섞는다. 어느 한쪽으로 편중되면 아이들에게도 교사에게도 평탄한 한 해를 보내기가 쉽지 않다. 하지만 아무리 신중하게 반을 편성해도 완벽한 반은 만들어지지 않는다.
"반 편성 제대로 한 거 맞아요?"
선생님들의 이런 질문은 곧 아이들의 성향이 워낙 다양하고, 어떤 조합이든 사건과 갈등은 늘 존재한다는 뜻이기도 하다. 그렇다면 교실 속에는 어떤 아이들이 있을까? 지극히 개인적인 견해로 아이들의 성향을 정리해 보았다.

1. 말썽 없이 무난한 아이
- 조용하고 수업도 성실히 참여하며 눈에 띄지 않음.

2. 적극적이고 활달한 아이
- 수업에서도, 친구 관계에서도 힘이 넘침.

3. 나서기를 좋아하는 아이
- 발표든 게임이든 '중심'이 되고 싶어 함.

4. 무리 짓지 않지만, 친구들과 잘 어울리는 아이
- 특정 그룹 없이 다양한 친구들과 두루두루 지냄.

5. 개그맨 기질이 있는 아이
- 늘 웃기려 하고, 주목받고 싶어 함.

6. 혼자 있는 아이
- 함께하고 싶지만, 용기가 없거나,
  친구의 필요성을 크게 느끼지 않음.

7. 똑똑한 아이
- 아는 것이 많고, 질문이 많음.

8. 문제 행동이 있는 아이
- 행동 변화가 필요하지만 쉽게 고쳐지지 않음.

9. 인기 있는 아이
- 감정 기복이 크지 않고, 밝고 쾌활하며 의리가 있음.

10. 선생님에게 칭찬받고 싶은 아이
- 선생님의 시선을 늘 의식하며 잘하려는 마음이 큼.

이것은 좋고 나쁨의 기준이 아니라, 객관적인 관찰을 통한 것이다. 사실 교실 속 아이들의 성향은 이보다 훨씬 더 다양하다. 위에서 나눈 성향들도 아이들이 하나씩만 가지는 것이 아니다. 한 아이 안에도 여러 가지 성향이 공존한다. 적극적이면서도 혼자 있는 걸 좋아할 수도 있고, 개그맨 기질이 있으면서도 인기 많은 아이일 수도 있다. 똑똑하면서 인정욕구가 강할 수도 있다. 반에 30명의 아이가 있다면, 그 이상의 개성과 성향이 존재한다. 이 정도라면 교실에서 단 한 건의 사건도 일어나지 않는 것이 더 비현실적이다.

  사소한 말다툼부터 시작해, 때로는 감정이 격해져 폭력이 발생하는 경우까지 다양한 갈등이 일어난다. 하지만 이러한 경험을 통해 아이들은 또래 관계에서 어떤 행동이 받아들여지고, 어떤 행동이 거부되는지 배워 나간다. 문제는 자기 행동이 또래 집단에서 받아들여지지 않는다는 사실을 인지하지 못할 때 발생한다. 놀이 규칙을 지키지 않는 아이, 자기 뜻대로 되지 않으면 참지 못하는 아이, 남의 물건을 함부로 사용하는 아이, 상대방이 싫어하는데도 계속 장난을 치고 시비를 거는 아이 등이 있다. 이처럼 또래 관계에서 자연스럽게 익혀야 할 규칙과 배려를 배우지 못한 경우, 아이들은 교사의 지도나 학부모 상담을 통해 조율해 나간다. 학교는 작은 사회다. 여기에는 나와 전혀 다른 성향을 가진 친구들이 함께 모여 생활한다. 때로는 기쁨을 느끼고, 때로는 좌절을 경험하며, 행복과 두려움 같은 감정을 오가기도 한다. 바로 이 과정에서 아이들은 평생을 살아가며 필요한 인간관계 기술을 익혀 간다. 그렇기에 학교는 단순히 지식을 배우는 곳이 아니라, 함께 살아가는 법을 배우는 곳이기도 하다.

학년별로도 친구 관계는 매우 다른 형태를 보인다. 1학년, 2학년들에게 친구는 곧 놀이 친구다. 놀이를 함께하는 것이 우정을 의미한다. 자기중심적인 성향이 강해 친구와의 갈등이 생기면 바로 선생님에게 달려가 고자질을 하기도 한다. 3학년, 4학년이 되면 친구 관계에서 감정적 요소가 더 중요해진다. 이제 친구는 단순히 '같이 노는 존재'가 아니라, '내가 좋아하는 친구'가 된다. 자연스럽게 친구 관계에서 갈등이 많아지고, 친한 친구와의 다툼이 깊어지는 시기이기도 하다. 5학년, 6학년이 되면 친구란 이제 '나와 관심사가 비슷하고, 서로를 이해하며, 노력하는 관계'가 된다. 자신과 맞는 친구를 선택적으로 사귀는 경향이 강해진다. 또한, 고학년이 되면 다음과 같은 변화가 나타난다. 고학년이 되면서 아이들의 친구 관계가 더 성숙한 형태로 변한다. 저학년 때는 사소한 일도 곧바로 선생님께 이야기하는 경우가 많지만, 고학년이 되면 굳이 일을 키우고 싶어 하지 않는다. 사소한 문제는 그냥 넘어가거나 스스로 해결하려는 태도를 보인다. 또한, 친구 관계가 안정되면서 자신과 잘 맞는 친구와 아닌 친구를 구분하는 능력이 생긴다. '쟤랑은 안 맞아.', '쟤는 건드리면 피곤해.'라고 생각하며 직접적인 갈등보다는 적절한 거리 두기를 선택하는 경우가 많아진다. 자기중심적인 성향이 점차 줄어들면서, 타인의 행동을 인정하고 대수롭지 않게 흘려보내는 태도도 생긴다. 굳이 논쟁할 필요가 없다고 생각하면 그냥 넘어가기도 하고, 상대할 가치가 없다고 판단하면 아예 무시하는 모습을 보이기도 한다. 즉, 감정의 소모를 줄이고 스스로 조절하는 방향으로 친구 관계를 다루기 시작한다.

교우관계에는 딜레마가 있다. 새 학년이 되면 학생들은 새로운 친구를 사귀고 싶어 하지만, 정작 원하는 친구를 찾는 일은 쉽지 않다. 아이들에게 어떤 친구를 사귀고 싶은지 물어보면 대개 이렇게 대답한다.

"내 마음을 알아 주고, 나한테 잘해 주는 친구!"

하지만 모두가 좋은 친구를 원하면서도, 그런 친구가 저절로 생기길 바라기만 한다는 것이 문제다. 사실 좋은 친구는 그냥 생기는 것이 아니다. 아이들은 아직 사회적 기술이 부족하다. 학교에서도 친구 관계에 대해 배우지만, 가정에서도 연습할 기회가 필요하다. 좋은 친구를 사귀기 위해서는 공감이 그 시작이 되어야 한다. 공감을 위해서는 먼저 친구가 좋아하는 것과 잘하는 것을 관심 있게 살펴보는 것이 중요하다. 그 후, 상대를 인정하고 칭찬하거나 호기심을 갖고 질문하는 것도 좋은 방법이다. 작은 배려에도 "고마워!"라고 말할 줄 알고, 실수로 작은 피해를 주더라도 "미안해."라고 말할 줄 아는 태도가 필요하다. 좋은 친구를 만나고 싶다면, 먼저 좋은 친구가 될 준비부터 해야 한다.

친구 관계에서 자존감은 핵심 요소다. 자존감이 높은 아이일수록 친구를 잘 사귄다. 자신을 가치 있게 여기는 아이는 자신감이 있고, 친구를 포용하는 능력도 뛰어나다. 이런 아이들은 자연스럽게 주변에 친구가 많이 모인다. 흥미로운 점은, 이렇게 모이는 친구들 역시 자존감이 높은 경우가 많다는 것이다.

이들은 공감과 배려심을 갖추고 있어, 친구 관계에서 갈등이 생길 확률도 낮다. 자존감을 높이려면 부모가 아이를 먼저 존중해야 한다. 요즘 아이들은 너무 바쁘다. 학교생활, 학원, 숙제까지…. 바쁜 것은 아이들뿐만이 아니다. 부모도 바쁘다. 그러다 보니 초등학생 자녀와 진짜 대화를 나눌 시간이 부족하다고 느끼는 경우가 많다. 그런데 우리가 흔히 하는 말들이 과연 '대화'일까?

"숙제 다 했어?"

"친구들이랑 잘 놀았어?"

"손 씻었니?"

이런 질문들만 오가는 관계에서 아이가 존중받고 있는 느낌이 들까? 아이가 이런 느낌을 받을 수 있는 질문은 단순한 확인 질문이 아니라, 아이의 감정과 생각을 존중하고 관심을 표현하는 질문이어야 한다. 감정을 존중하는 질문에는 '오늘 기분 어땠어?', '오늘 제일 신났던 순간은 언제였어?', '오늘 힘들었던 일은 없었어?', '네가 속상한 일 있으면 꼭 말해 줘. 엄마(아빠)는 네 얘기 듣고 싶어.'가 있다. 생각을 존중하는 질문은 '오늘 학교에서 제일 재미있었던 건 뭐야?', '오늘 새롭게 알게 된 게 있어?', '네가 요즘 제일 관심 있는 건 뭐야?', '넌 어떻게 생각해?' 등이 있다. 아이의 대답이 짧거나 무뚝뚝해도 '그래? 그랬구나.' 하고 반응을 보여 주는 것이 중요하다. 질문 자체보다 부모가 정말로 관심이 있다는 태도를 보이는 것이 아이의 자존감을 높이는 핵심이다. 결국, 존중받는 아이는 자기 자신을 존중할 줄 아는 어른으로 성장한다.

학교에서는 하루에도 몇 번씩 크고 작은 다툼이 일어난다. 아이들은 집에 돌아가 억울한 마음에 자기 입장만 이야기하고, 이를 듣는 엄마는 속이 터진다. 아이의 감정에 공감하면서도, 상대 아이가 원망스럽고 선생님께 전화를 걸어 지도를 요청하고 싶은 마음이 든다. 만약 누군가가 가만히 있는 아이를 이유 없이 지속해서 괴롭혔다면, 그것은 학교 폭력이다. 학교 폭력은 반복적이고 의도적인 괴롭힘이며, 이는 신고 대상이 된다. 하지만 우리가 흔히 겪는 친구 간의 다툼은 사소한 오해나 감정 충돌에서 비롯된다. 이런 경우에는 학생들 스스로 해결할 수 있도록 교실 규칙과 담임의 지도 방식에 따라 조율하는 것이 원칙이다. 이 과정에서 부모의 개입은 불필요하다. 만약 부모의 도움이 꼭 필요하다면, 담임 선생님이 먼저 연락을 줄 것이다. 사실, 아이들은 금방 화해한다. 아이들은 다투고도 몇 시간 뒤면 다시 웃으며 함께 논다. 1학년 담임을 맡았을 때, 아이들이 쉬는 시간마다 끊임없이 고자질하러 왔다. 너무 많아서 쉬는 시간에 숨 돌릴 틈조차 없을 정도였다. 그래서 칠판 한쪽에 '상담 신청' 공간을 만들었다. 속상한 일이 있어 선생님과 이야기하고 싶다면 자기 이름을 적도록 했다. 그런데 쉬는 시간에 이름을 적은 아이들을 불러 보면, 이미 화해했거나, 아예 이름을 적은 것도 잊어버린 경우가 많았다. 이렇듯, 아이들의 다툼은 어른들에게는 큰일처럼 보이지만 사실은 학교에서 매일 일어나는 평범한 일상 중 하나일 뿐이다. 아이들은 서로 다른 성향을 가지고 있기에, 부딪치고, 서운해하고, 다투는 과정이 오히려 자연스러운 성장의 일부다. 부모는 아이의 감정을 공감해 주되, 아이가 스스로 해결할 수 있도록 한발 물러서 지켜보는 것이 더 중요할 때도 있다.

우리 아이가 왕따를 당할 수도 있고 친구와의 문제로 괴로워할 수도 있다. 왕따는 학교 폭력으로 심각한 문제이다. 선생님이 모르고 계신다면 엄마가 선생님께 상담을 요청해야 한다. 아이가 사소한 다툼이나 오해로 고민하고 있다면 엄마는 어떻게 해야 할까. 이때 가장 중요한 것은 아이가 엄마에게 속상함을 말할 수 있어야 하는 것이다. 아이는 엄마가 해결사가 되어 주는 것을 바라는 것이 아니다. 엄마는 아이가 마음속 혼란을 정리할 수 있도록 조용히 들어 주는 역할을 해야 한다. 아이가 속마음을 터놓았을 때, 부모가 성급하게 해결책을 제시하면 대화는 거기서 끝나 버린다. 자신의 속을 모두 털어놓은 아이는 스스로 해결책을 만드는 경우가 많다. 혹시 해결책이 나오지 않더라도 괜찮다. 마음을 털어놓는 것만으로도 혼란스러운 감정이 정리되고, 어느새 고민이 사라지는 때도 있다. 엄마의 속은 타들어 가고 아이의 방패와 칼이 되어 주고 싶지만 아이 스스로 해내야 하는 부분이다. 엄마가 정한 해결책은 엄마의 것이고, 아이 스스로 고민하고 선택한 해결책만이 진짜 해결책이 된다. 그것이 미숙한 방법일지라도 스스로 부딪혀 보는 것이 아이의 인간관계 기술을 더 단단하게 만들어 준다. 오늘 하루 우리 아이가 친구 때문에 고민하고 있다면 심각해지지 말자. 친구가 있으니까 싸우는 것이다. 우리 아이가 가진 오늘의 고민이 내일의 친구 관계에 대한 무게를 조금 더 가볍게 만들어 줄 것이다.

공부의 신이 되는 법

고등학교 때 나는 공부 방법에 대해 깊이 고민해 본 적이 없었다. 그냥 생각나는 대로 공부했고, 목표도 세워 보았지만 작심삼일이었다. 그래도 열심히는 공부했다. 고3 수능 점수는 최악이었다. 요즘은 메타인지가 공부의 핵심 요소로 강조된다. 메타인지는 자신의 학습 과정을 객관적으로 분석하고, 부족한 점을 파악하는 능력이다. 나는 이런 고민을 해야 한다는 것조차 몰랐다. 국·영·수·사탐 어느 과목도 3등급을 넘지 못했고, 원하는 대학에 가지 못했다. 하지만 재수를 하면서 공부의 방향이 달라졌다. 무엇을 보완해야 하는지, 어떤 전략이 필요한지를 먼저 고민했다. 메타인지가 작동하자 성적이 오르기 시작했다. 한 과목에서 1등급이 나오자 탄력이 붙었고, 결국 원하는 교대에 입학할 수 있었다. 이 경험은 매년 학생들에게 들려준다. 시행착오를 겪으며 깨달았고, 교사가 된 후에도 다양한 공부법을 연구하며 검증했다. 내 방식이 맞았다는 것을.

메타인지가 작동했던 재수 시절, 성적이 급상승할 수 있었던 가장 큰 이유는 나만의 공부법을 찾았기 때문이다. 앞으로 소개할 두 가지 공부법이 효과를 발휘할 수 있었던 것도 결국 내가 만든 방식이었기 때문이다. 이 공부법의 핵심을 한마디로 정리하면, 메타인지의 작동, 단권화 요약법, 그리고 반복으로 압축할 수 있다. 즉, 자신의 학습 상태를 정확히 인식하고(메타인지), 핵심 개념을 한 권으로 정리하며(단권화), 이를 충분히 반복하는 것이다.

120% 공부법

: 100점을 받기 위해서는 100점을 목표로 공부해서는 안 된다. 120점을 받을 수 있도록 공부해야 100점을 받을 수 있다.

이 공부법의 시작은 수학의 확률과 통계에서 비롯되었다.

수학 성적은 늘 4등급이었다. 시험을 보면 수학 문제 30개 중 약 여섯 개가 확률과 통계 단원에서 출제되었지만, 항상 부족한 부분이었다. 수학의 마지막 단원이라 공부 우선순위에서 밀렸고, 결국 고3 수능에서도 이 여섯 문제를 모두 틀렸다. 이것부터 잡아야겠다고 생각했다. 얇은 EBS 수능 확률과 통계 문제집을 샀다. 기초문제부터 심화 문제까지 반복해서 풀었다. 여기서 중요한 원칙이 있다. 진도를 나가기 전에, 문제집의 처음부터 다시 풀고 나가는 것. 이렇게 하면 자주 반복한 문제들은 자연스럽게 눈으로 풀 수 있을 정도가 된다. 해답을 봐도 이해되지 않는 문제는 답을 문제 아래에 적어 놓고, 식을 다시 써 보며 연습했다. 같은 문제를 열 번 이상 푼 적도 많다. 처음부터 다시 푸는 과정이 시간이 오래 걸릴 것 같지만, 실제로는 그렇지 않다. 눈으로 확인만 해도 되는 문제가 많아지면서 복습 시간이 단축되기 때문이다. 더 중요한 것은 어려운 문제를 대하는 태도다. '이 문제는 너무 어려우니까 안 나올 거야.'라는 생각으로 문제를 버리면 절대 안 된다. 심화 문제까지 모두 내 것으로 만들어야 한다. 이해가 안 되는 문제는 해답을 보고 반복해서 풀다 보면 이해가 되는 문제도 있고 아예 암기해 버리는 문제도 있다. 이것이 '120% 공부법'의 핵심, '100점을 받기 위해서는 100점을 받을 수 있는 공부를 하는 것이 아니라 120점 받을 수 있는 공부를 해야 100점을 받을 수 있다.'이다. 100점 받기 위한 공부는 시험에서 90점에 머무르게 된다. 시험이라는 특수한 환경에 처하면 어떤 실수를 할지 모르기 때문이다. 안 나올 것 같은 심화 문제까지 섭렵해야 100점을 받을 수 있다. 이렇게 확률 통계 문제집 하나를 암기할 정도로 반복해서 풀고 나니 수능 문제는 기본 문제처럼 쉽게 여겨졌다.

아날로그 단권화

: 암기 과목 만점의 비결

이 공부법은 암기해야 할 내용을 노트에 정리하는 방식이다. 나는 사회 탐구에서 세계 지리와 한국 지리를 선택했고, 이 방법을 활용해 모두 만점을 받았다. 이 방식대로 하면 암기 과목은 난이도에 상관없이 만점을 받을 수 있다고 확신한다.

1단계: 기본 개념 학습 후, 모든 모의고사 문제집을 구매한다.

기본 개념을 익힌 후, 시중에 나온 모든 모의고사 문제집을 종류별로 사들였다. 단순히 몇 권만 푸는 것이 아니라,

출판사별로 다양한 문제를 접하는 것이 핵심이었다. 문제를 풀다 보면 비슷한 유형이 반복되지만, 가끔 처음 보는 지문, 지도, 도표, 그래프가 등장한다. 이런 낯선 자료들은 학생들이 중요하지 않다고 판단하고 그냥 지나치는 경우가 많다. 그러나 내 경험상, 수능에서는 바로 이런 자료들이 출제되었다. 특히 지도 같은 경우, 익숙하지 않은 자료가 시험에 나오면 당황하기 쉽다. 따라서 모든 자료를 빠짐없이 정리하고 익히는 과정이 중요하다.

2단계: 낯선 문제와 헷갈리는 자료를 '아날로그 방식'으로 정리한다.

모든 문제를 풀면서, 처음 보거나 헷갈리는 자료, 지문, 도표, 그래프, 지도 등을 공책에 오려 붙이고 정리했다. 이때 중요한 원칙은 '내가 중요도를 판단하지 않는 것'이다. 앞서, '모두'에 강조한 것이 이 부분이다. 시중에 나와 있는 모든 문제를 다 본다는 의미이다.

3단계: 반복하며 장기기억에 저장한다.

공책에 정리한 내용을 반복해서 보는 과정이 핵심이다. 처음에는 모든 내용을 꼼꼼히 살펴보지만, 반복할수록 자연스럽게 보지 않아도 기억나는 것들이 생긴다. 이제 불필요한 내용을 줄여 나갈 차례다. 이미 확실히 기억하는 부분은 과감히 삭제하고, 마지막까지 헷갈리는 개념과 자료만 남겨 최종 단권화 노트를 만든다. 이렇게 정리된 노트는 시험 직전에 빠르게 복습할 수 있는 완벽한 요약본이 된다. 즉, 수많은 문제 속에서 내가 꼭 기억해야 할 내용만 남긴 최적의 자료를 완성하는 과정이다.

4단계: 시험 일주일 전, 단권화된 노트를 한 장으로 압축한다.

시험을 일주일 앞두고, 지금까지 몇 장으로 만들어 둔 요약본을 최종적으로 한 장으로 압축한다. 이 한 장에는 나만이 이해할 수 있는 암호 같은 단어가 들어 있고, 계속 헷갈리는 개념은 초성으로 정리해 빠르게 떠올리는 연습을 할 수도 있다. 이것은 다른 사람은 해석할 수 없는, 오직 나만을 위한 마지막 복습 자료다. 시험 직전, 이 한 장만 보면 내가 틀릴 가능성이 있는 마지막 구멍까지 막을 수 있다. 이 단계를 거치고 나면, 시험장에서 어떤 문제가 나와도 흔들리지 않는 확신이 생긴다.

놀랍게도, 수능 시험장에서 내 단권화 노트에 있던 지문과 지도가 그대로 출제되었다. 이 경험을 통해, '아날로그 단권화'가 암기 과목에서 가장 강력한 학습법이라는 확신을 가지게 되었다.

 이 두 가지 방법은 결과가 좋았다고 그냥 추천하는 방법이 아니다. 내가 부족한 부분이 무엇인지 파악했다. 그것을 채울 방법을 고민했다. 그리고 머리에 박히도록 반복했다. 이것은 메타인지가 작동했고 공부한 내용이 새어 나가지 않게, 완벽에 가깝게 장기기억으로 집어넣었다는 것이다. 공부법에 관련된 많은 서적에서도 공통으로 말하는 자기만의 공부 방법, 효과적인 암기를 위한 단권화, 반복을 스스로 생각하고 실천한 것이다.

 초임 때부터 나중에 태어날 내 자식이 공부를 잘했으면 좋겠다는 마음을 늘 가졌다. 이런 마음으로 매년 만난 아이 중 공부를 잘하는 아이들을 관찰했고 공통점을 발견했다. 이를 통해 초등학교 시절에 '공신'이 되기 위해 가장 기본이 되는 한 가지를 찾았다. 우리 아이를 '공신'으로 만들고 싶다면 꼭 실천해 보길 바란다. 공부 잘하는 학생들은 수업 태도가 좋다. 수업 내용을 얼마나 기억하느냐가 중요한 것이 아니다. 수업 시간을 어떻게 보내는가가 아이의 공부 태도를 좌우한다. 수업 태도가 좋은 아이는 '안 하면 안 돼요?' 등의 부정적인 감정이나 귀찮은 태도를 보이지 않는다. '제가 해 볼게요.', '한 번 더 설명해 주세요.'라는 말을 하며 적극적인 태도를 보인다. 중요한 것은 방과 후 수학 학원 숙제가 아닌 바로 학교에서 선생님과 친구들이 함께하는 수업이다.

40분 수업을 도전과 성취의 단위로 생각하자

초등학교에서 1교시는 40분이다. 이 40분을 하나의 '도전과 성취' 단위로 생각하는 것이 중요하다.

모든 수업에는 학습 목표가 있다. 수업의 마지막에는 배운 내용을 정리하는 시간이 있다. 따라서, 아이는 매 차시의 목표를 향해 스스로 학습하고, 활동을 통해 해답을 찾아가며, 정리하는 연습이 되어야 한다. 이 과정이 습관이 되면 매 수업이 자기주도 학습의 시작이 된다.

아이와 '집중 태도 2단계'를 연습하자

아이가 선생님의 말씀을 들을 때, 1단계, 선생님을 바라본다. 2단계, 이해되면 고개를 끄덕인다. 이런 태도를 보이는 아이들은 반에서 드물어서, 선생님은 자연스럽게 이런 아이들에게 집중하여 수업을 진행한다. 선생님도 아이들의 이해도를 확인해야 하기 때문이다. 이 과정에서 아이는 선생님과 눈을 맞추며 집중하게 되고, 더 적극적으로 수업에 참여하게 된다.

> **태도가 좋아야 공부를 잘하는 것이 아니라
> 공부 방법을 알아야 태도가 좋아지는 것이다**

앞서 설명한 공신이 되는 방법과 수업 태도에 관한 이야기는 아이의 12년 학교생활을 도울 수 있다. "우리 아이는 공부하는 태도가 좋지 않아서 걱정이에요."라는 말을 종종 듣는다. 공부 태도는 공부 방법을 배워야 좋아진다. 아이가 초등학생이라면 지금 당장 메타인지를 작동시켜 작은 성취부터 시작하자. 아이와 나란히 앉아 지금 가장 부족한 공부가 무엇인지 나열한다. 생각이 나지 않는다면 과목별 교과서나 문제집의 목차를 펼쳐서 확인한다. 이 중 아이가 공부할 한 가지를 정한다. '두 자릿수 곱셈'이라고 해 보자. 이것을 잘하게 할 수 있는 방법에 대해 의논한다. 교과서를 꼼꼼히 풀어 보고, 하루에 유형이 다른 다섯 문제씩을 푸는 것을 계획해 보자. 마지막 목표 달성은 엄마에게 한 문제를 적어 놓고 풀이 방법을 설명하는 것이다. 연습 분량은 3일 이내로 해결할 수 있게 목표를 잡아야 한다. 엄마가 해야 할 일은 아이가 목표를 달성할 수 있게 돕는 일이다. 엄마가 옆에 있어야 공부한다면 매일 옆에 있어 주어야 한다. 며칠 연습 후 아이가 자신감을 가지고 엄마에게 설명할 수 있게 되는 날, 성취의 기쁨을 나누자. 메타인지의 작은 성취가 쌓이면 저절로 공부에 대한 태도가 좋아진다.

공부가 전부는 아니라는 말을 하는 사람도 있다. 맞는 말이다. 아이가 자라면서 공부보다 더 중요한 것들이 생기기도 한다. 하지만 학생이라면, 공부를 통해 '성취하는 경험'을 반드시 해 보아야 한다. 성취는 단지 점수가 아니라, 몰입해서 해냈다는 경험이다. 나는 학창 시절, 공부를 통해 목표를 세우고 그것을 이루는 경험을 했다. 그 경험은 성적보다 더 큰 자산이 되었다. 사회에 나와 어떤 일을 마주하더라도 '어떤 일도 해낼 수 있다.'라는 마음가짐은 그때 생긴 것이다. 학생에게 그 첫 번째 목표는 '공부'여야 한다. 아이가 책상 앞에서 작은 문제 하나를 스스로 풀었을 때, 이전보다 조금 더 나아진 모습을 보였을 때, 부모가 해 줘야 할 일은 점수를 따지는 것이 아니라 그 과정을 기뻐해 주는 일이다. 지금 당장 수학 점수에 일희일비하지 않아도 된다. 중요한 건, 아이가 '할 수 있다.'라는 자신감을 가지는 것이다. 그 작은 성공들이 쌓이면, 결국 어떤 목표든 스스로 세우고, 스스로 이뤄 낼 수 있는 단단한 아이로 자라게 된다.

마치는 글

불안한 마음이 사라진 엄마들에게

학교는 아이의 무대이다

5학년 담임 때 일이다. 빼빼로 데이였다. 예린이 엄마에게서 전화가 왔다.

"선생님, 예린이에게 빼빼로를 반 인원수만큼 보냈어요. 예린이가 직접 친구들 모두에게 나눠 줄 시간을 주셨으면 해요."

이런 부탁은 처음이었다. 아이들이 간혹 반 친구들 간식을 가지고 오긴 한다. 그럴 때는 내게 조용히 와서 직접 부탁한다. "선생님, 이거 친구들이랑 나눠 먹고 싶어요." 혹시나 선생님이 거절할 수도 있고 간식을 가지고 왔다고 꾸중을 들을 수도 있는 상황이다. 하지만 용기 내어 말한다. 사탕 하나, 작은 초콜릿 정도다. 하지만 예린이 엄마는 이 모든 것을 무시하고 직접 교사에게 말했다. 자기 아이를 특별하게 해 달라고. 예린이 엄마는 무대에 직접 올라간 것이다. 무대의 주인공은 예린이여야 했는데, 엄마가 대신 대본을 쓰고 연출까지 맡아 버린 것이다. 나는 담담하게 말했다.

"방과 후에 예린이가 직접 나눠 주도록 할게요."

아침에 문자가 왔다. "선생님, 지원이가 어제 할머니 댁에서 늦게 와서 일기를 못 썼어요." 이런 문자는 종종 온다. 지원이 엄마 마음은 이해한다. 숙제는 선생님과의 약속이기도 한데, 안 했으니 죄송한 마음일 것이다. 어쩌면, 아이를 남겨서 숙제를 시키거나, 일기를 안 쓴 아이들을 일어서게 하는 일이 없도록 배려해 달라는 뜻일지도 모른다. 하지만, 숙제를 안 한 것은 아이가 직접 선생님께 이야기하고 해결해야 한다. 주인공이 무대 위에서 실수했다고, 엄마가 무대에 올라와 대신 사과하는 것은 이상하지 않은가? 유아기에는 아이가 스스로 의사 표현을 하지 못하고, 밥도 혼자 먹지 못하기에 부모가 대신해 준다. 하지만 이제는 다르다. 아이가 할 수 있는 일은 스스로 해야 성장한다. 이날, 지원이는 '책임'이라는 중요한 덕목을 배울 기회를 놓쳤다.

이 외에도 특정 친구와 같은 반을 배정해 달라는 요청, 교실 바닥에 먼지가 많으니, 아이가 바닥에 앉지 않도록 해 달라는 부탁, 아이가 수업 시간에 책상에 엎드려 있었던 이유를 방과 후 담임에게 전화해 설명하는 일 등도 종종 있다. 하지만 이런 일들은 부모가 직접 나설 필요가 없다. 아이에게 불편한 일이 생기면, 학교에서 교사와 친구들이 충분히 도울 것이다. 그리고 정말 필요하다면, 아이 스스로 선생님께 말할 수 있어야 한다. 부모가 모든 문제를 해결해 주려고 하면, 아이들은 자신의 불편을 해소하는 방법을 배우지 못한다. 작은 불편도 직접 표현하고 조율하는 경험이 사회 속에서 자립하는 중요한 과정임을 기억하자.

뮤지컬 〈빌리 엘리어트〉를 본 적이 있다. 주인공 빌리는 열한 살 소년으로, 탄광촌에서 불우한 환경 속에서 자랐다. 아버지는 그에게 권투를 시켰지만, 빌리는 발레에 더 큰 관심을 가졌다. 체육관에서 우연히 발레 수업을 접한 빌리는, 자신이 진정 원하고 즐길 수 있는 것이 무엇인지 깨닫는다. 빌리의 재능을 알아본 발레 선생님은 그를 발레학교에 보내려 하지만, 아버지는 극심하게 반대한다. 결국, 아버지는 빌리의 꿈을 인정하고, 발레리노로 성장할 수 있도록 물심양면으로 돕는다. 훗날 빌리는 세계적인 발레리노가 된다. 이날 무대 위에서 빌리 역을 맡은 배우는 실제 열한 살 한국인 소년이었다. 어린 나이임에도 불구하고, 그가 펼치는 연기와 발레 동작, 노래와 목소리 톤까지 모든 것이 완벽했다. 나는 공연을 보면서 감탄했다. "어쩜 어린아이가 저렇게 완벽한 무대를 만들 수 있을까?" 한순간도 눈을 뗄 수 없는 몰입감이었다. 무대 위에서 그는 그저 '빌리' 그 자체였다.

　이렇게 멋진 공연을 펼치고 있는 주인공 아이의 엄마는 지금 어떤 기분일까? 나처럼 감탄하며 넋을 놓고 보고 있을까? 만약 내 아이가 무대 위에 있다면, 혹여나 대사를 틀리진 않을까, 동작하다 발이 어긋나 넘어지진 않을까 불안해서 제대로 보지도 못할 것 같다. 아마 무대 뒤에서 공연이 무사히 끝나기만을 바라며, 손에는 생수 한 병과 땀을 닦을 수건을 들고 서 있을지도 모른다. 하지만 엄마는 무대에 대신 올라갈 수 없다. 아이가 대사를 잊어버려도, 동작을 틀려도, 그 순간을 스스로 극복해야 한다. 관객들 앞에서 오직 아이 혼자 힘으로 임기응변을 발휘하며 무대를 이어 가야 한다. 그리고 공연이 끝나면, 그동안의 피나는 연습, 무대에서의 긴장과 도전, 그리고 마지막 관객들의 박수까지 이 모든 영광을 온전히 주인공 아이가 받는다. 아마 첫 무대에서는 실수가 많겠지만, 열 번째 무대는 완전히 다른 사람이 되어 있을 것이다. 그 순간, 아이는 빌리 역할을 연기하는 것이 아니라 진짜 '빌리'가 되어 있을 것이다. 엄마도 무대 뒤에서 불안해하며 동동거릴 것이 아니라, 관객의 자리에서 아이의 도전과 노력을 지켜보며 언제나 아낌없는 기립박수를 보내면 어떨까?

학교는 무대와 같은 곳이다. 교문 앞까지는 엄마가 대신 가방을 들어 줄 수 있다. 교문에 들어가는 순간 아이는 모든 것을 스스로 판단하고 행동해야 한다. 지나가는 선생님에게 인사를 할지 말지, 우리 반 친구를 만나 어떤 말을 할지, 쉬는 시간에 어떤 친구와 어떤 놀이를 할지, 모두 스스로 해야 한다. 엄마가 옆에서 방법을 알려 줄 수도 없다. 이 모든 선택은 오직 아이의 몫이다. 실수도 해 보고, 잘못도 해 보면서 어떤 행동이 상황에 맞는지를 스스로 깨달아야 한다. 빌리 역을 맡은 배우의 첫 번째 무대와 수십 번째 무대는 완전히 다를 것이다. 여러 번 무대에 오르며 어떤 부분에서 실수가 잦았는지 파악하고, 그것을 만회하는 방법도 스스로 터득했을 것이다. 학교에서도 마찬가지다. 엄마는 딱 교문 앞까지만, 무대 위의 주인공은 엄마가 아닌 내 아이가 되어야 한다.

 아이들은 학교에서 많은 시간을 보낸다. 굳이 엄마가 문자를 보내지 않아도, **빼빼로**를 직접 나눠 주게 해 달라고 하지 않아도 된다. 숙제를 안 해 갔다면 놀지 못하고 쉬는 시간에 숙제를 하면서 앞으로는 꼭 해야겠다고 다짐할 것이다. 엄마가 준비해 준 **빼빼로**를 직접 나눠 주지 않아도 친구들에게 마음을 얻기 위해서 다양한 방법을 시도해 볼 것이다. 그것이 안 되면 또 다른 방법을 스스로 고민해 보는 것 자체가 성장의 기회다. 도전, 실수, 성공, 실패 이 모든 경험은 아이의 것이어야 한다. 무대 위에 엄마가 대신 올라갈 일은 절대 없어야 한다. 공연이 끝난 후, 아이를 맞이하는 엄마의 역할은 단 하나다. 밝은 미소로 물 한 병을 건네고, 수건으로 땀을 닦아 주며 따뜻하게 말해 주는 것. "정말 수고 많았어. 최고였어!" 혹여나 실수했더라도, 아이의 마음만 알아 주면 된다. 그것만으로도 아이는 충분히 힘을 얻고, 다시 일어설 것이다.

 이제, 엄마는 더 이상 불안해하지 않아도 된다. 학교는 아이가 자라고 배우는 공간이고, 선생님들은 그 안에서 누구보다 진심으로 아이를 지켜보는 사람들이다. 친구 관계 속

작은 갈등도, 서툰 실수도, 모두 아이가 세상을 살아갈 힘을 기르는 과정이다. 무대에서 내려온 아이의 얼굴에는 뿌듯함이 묻어 있다. 그 하루에 대해 묻고, 들어 주고, 함께 웃어 주자. 아이는 자신을 믿어 주는 한 사람만 있으면 다시 내일을 향해 나아갈 수 있다. 그러니 이제는 두려움보다 신뢰를, 불안보다 응원을 품고 아이의 길을 함께 걸어가자. 오늘 아이를 바라보며 먼저 웃어 주는 그 미소 하나가, 아이 인생에서 가장 큰 힘이 되어 줄 것이다.